Franz Decker / Ute Wagner
FREIHEIT ZUM LEBEN

IMPULSE ZUM GLAUBEN

Band 3

Franz Decker / Ute Wagner

Freiheit zum Leben

Die Zehn Gebote

STEYLER VERLAG

CIP-Titelaufnahme der Deutschen Bibliothek

Decker, Franz:
Freiheit zum Leben: die 10 Gebote / Franz Decker; Ute Wagner. – 1. Aufl. – Nettetal: Steyler Verl., 1990
 (Impulse zum Glauben; Bd. 3)
ISBN 3-8050-0251-3
NE: GT

ISBN 3-8050-0251-3

1. Auflage 1990
© 1990 Steyler Verlag, 4054 Nettetal 2
Alle Rechte vorbehalten
Herstellung: Druckerei Steyl B.V., NL
Umschlaggestaltung: Norbert A. Ciernioch

Inhalt

Vorfragen 7

Einleitung 9

Wer besitzt mein Herz?
DAS ERSTE GEBOT 11

Die Zehn Gebote
EXODUS 20, 1–17 21

In Gottes Namen
DAS ZWEITE GEBOT 23

Frei von Arbeit
DAS DRITTE GEBOT 33

Die Zehn Gebote
DEUTERONOMIUM 5, 1–22 43

Gehorchen oder ehren?
DAS VIERTE GEBOT 45

Manches Wort ist Mord
DAS FÜNFTE GEBOT 55

Lieben, achten und ehren
DAS SECHSTE GEBOT 65

Die Zehn Gebote
KURZFORM 74

Wer stiehlt, verliert
DAS SIEBTE GEBOT 75

Die Zunge ist voll von tödlichem Gift
DAS ACHTE GEBOT 85

Aus Neid erwächst Leid
DAS NEUNTE UND ZEHNTE GEBOT 93

Das größte Gebot
MATTHÄUS 22, 34–40 102

Liebe soll mein Herz bewegen
DIE WEISUNGEN JESU 103

Vorfragen

Welch ein Widerspruch! Da trägt ein Buch über die Zehn Gebote ausgerechnet den Titel „Wege zur Freiheit". Als ob Gesetze, Vorschriften, Reglementierungen frei machen können. Schränken sie mich nicht eher ein in meiner Lebensgestaltung, hemmen sie mich nicht in meinen Entscheidungen, behindern sie mich nicht in meiner Selbstverwirklichung?
Welch eine Zumutung! Da ist in diesem Buch die Rede von Bodenspekulationen, Ausbeutung von Kindern, Versicherungsbetrug, von Zerstörung des Regenwaldes, Samenbank, Umweltverschmutzung. Was geht mich dieses Krisengerede an, was hat das mit meinem Leben zu tun?
Welch ein Gegensatz! Da schreiben Franz Decker und Ute Wagner von Zärtlichkeit, Liebe und Treue, von Sehnsüchten, Hoffnungen und Glück – und von Freiheit. Wie soll ein Leben nach diesen uralten Geboten solches Heil in meinen modernen Alltag bringen, in mein Zuhause oder mein Berufsleben?
Welch eine Herausforderung! Da zeichnen als Autoren für ein theologisches Thema nicht Universitäts-Gelehrte oder bekannte Vielschreiber, sondern ein engagierter Pfarrer und seine Mitarbeiterin;

sie bringen ihre Eindrücke aus Seelsorge, Gemeinde und persönlichen Erfahrungen mit ein. Laufe ich da nicht Gefahr, mich statt auf gesicherte wissenschaftliche Erkenntnisse auf subjektive Überlegungen und private Einschätzungen einzulassen?

Welch eine Überraschung! Da wenden sich Leserinnen und Leser der Familienzeitschrift der Steyler Missionare STADT GOTTES, in der dieses Buch vorab als Serie erschien, an die Autoren Decker und Wagner, schildern ihnen ihre Probleme und Nöte, weil sie spüren: die sprechen unsere Sprache, die kennen unsere Sorgen. Und sie fragen: Können Sie mir helfen? Was soll ich tun?

Welch eine Erwartung! Da mischt sich mitten unter die Literaturschwemme über New Age, Okkultismus und andere Heilsversprechungen dies Buch über die Zehn Gebote und die Weisungen Jesu. Und ich meine: Was kann mir in diesen Zeiten der Verunsicherungen besser Wegweiser sein als ein Band, der aufräumt mit verknöcherter Buchstabentreue und auffordert zu einem befreiten Leben aus den Geboten nach dem Motto „Liebe soll mein Herz bewegen und das Miteinander der Menschen bestimmen"?

Joachim Burghardt

Einleitung

Die Zehn Gebote – da fällt mir ein: Du sollst nicht! Du darfst nicht! Du mußt! Wehe, wenn ...
Kindheitserinnerungen und Kindheitsängste werden wach. Beichtspiegel, Beichte, Unangenehmes, längst Abgelegtes sind damit verbunden.
Andere wiederum sehen die Gebote abgeklärt und nennen sie „ewiggültige Weisheit" oder „frühe Gipfel in der moralischen Entwicklung der Menschheit".
Jeder kennt den Begriff: Die Zehn Gebote. Er gehört noch zur Allgemeinbildung. Einzeln aufzählen kann die Gebote heute schon lange nicht mehr jeder. (Wir finden sie ausführlich aufgezeichnet im Alten Testament: Exodus 20. Kapitel und Deuteronomium 5. Kapitel.)
Wer weiß noch genau, wie sie beginnen? Nicht mit: Du sollst, du mußt ...! Sondern mit einer persönlichen Vorstellung: „Ich bin Jahwe, dein Gott!" (Ex 20, 2)
Gott will die Freiheit der Menschen, weil er möchte, daß wir ihn und uns selbst von Herzen anerkennen und lieben. Zum Schutz der Freiheit hat er die Zehn Gebote gegeben. Mit großer Gelassenheit, aber nachdrücklich verteidigt Jesus diese Freiheit gegen die ängstlichen Einschränkun-

gen vieler Ordnungshüter und die Lieblosigkeit der Prinzipienreiter. Die Botschaft Jesu verunsichert; von daher kommt auch der Einwand: „Warum soll ich erst die Gebote mühevoll einhalten, wenn Gott mich doch bedingungslos annimmt und liebt?

Aber Gottes Gebote befolgen, das heißt sich frei machen von der Schwerkraft des Mißtrauens, sich fallen lassen in Gottes Liebe, sich getragen wissen im Vertrauen auf ihn.

                      Franz Decker / Ute Wagner

DAS ERSTE GEBOT

Wer besitzt mein Herz?

Ich bin Jahwe, dein Gott, der dich aus Ägypten geführt hat, aus dem Sklavenhaus.
Du sollst neben mir keine anderen Götter haben.
Du sollst dir kein Gottesbild machen und keine Darstellung von irgend etwas am Himmel droben, auf der Erde unten oder im Wasser unter der Erde.
Du sollst dich nicht vor anderen Göttern niederwerfen und dich nicht verpflichten, ihnen zu dienen. Denn ich, der Herr, dein Gott, bin ein eifersüchtiger Gott:
Bei denen, die mir feind sind, verfolgte ich die Schuld der Väter an den Söhnen, an der dritten und vierten Generation;
bei denen, die mich lieben und auf meine Gebote achten, erweise ich Tausenden meine Huld. *(Exodus 20, 2–6)*

Da kommt jemand auf mich zu, nennt sich beim Namen und spricht mich an! Aber ich? Was will denn ich? Wünsche ich überhaupt einen näheren Kontakt zu diesem Gott? Ich habe mich ja vielleicht IHM persönlich noch nie gestellt, sondern ihn immer unter „ferner liefen" behandelt. Gewiß, ich denke schon mal an „irgend etwas Höheres". Ich lasse kirchlich taufen und begraben. Ich arrangiere eine Traumhochzeit in Weiß. Ich bestelle den Pfarrer, mein Haus zu segnen. Ich hefte eine Christophorusplakette ins Auto und hänge eine Medaille um. Aber ansonsten sage ich womöglich: „Hauptsache, die Kasse stimmt." Oder: „Der Beruf geht mir über alles." Oder ich rufe: „Mein Kind ist mein ein und alles!" Und ich finde mich noch richtig gut in meiner abgöttischen Liebe. Oder ich stelle fest: „Entscheidend ist, daß ich gesund bin." Oder: „Meine Familie ist mir das wichtigste."

Jeder kennt solche Sätze. Wie viele von uns gebrauchen sie! Und das Schlimmste ist: Wir leben so – und halten uns doch für anständige und fromme Christen. Unser Denken, Fühlen und Sehnen kreist um unser kleines, spießbürgerliches Leben als die Hauptsache. Natürlich seufzen wir ab und zu: „Mein Gott! Ist das alles?" Aber solche Seufzerbekenntnisse klingen unbestimmt, weit hergeholt. – Wer aber da in den Zehn Geboten zu Israel spricht, ist jedenfalls nicht „irgend etwas Höheres", sondern klar und unmißverständlich DER HERR. Und dieser Herr ist Israel aus seiner Geschichte her bestens bekannt. Von Generation zu Generation erzählen die Eltern ihren Kindern, wie sie unter der Knute der Sklaventreiber gelitten haben. Immer neue Generationen müssen bis hin zum furchtbaren, von uns Deutschen organisierten Holocaust erfahren, wie sie unterworfen und von fremden Herren gequält und zertreten werden.

Aber immer neu macht Israel auch die Erfahrung, daß Männer und Frauen im Volke aufstehen, die sich nicht durch das Elend bezwingen lassen. Sie setzen gegen die Hoffnungslosigkeit des eigenen Volkes und gegen die Macht der fremden Herren die Kraft des Vertrauens in Jahwe, den Herrn; und sie führen Israel in die Freiheit. Immer wieder erlebt Israel, wie dieses Vertrauen in den Gott der Väter ein sprudelnder Quell des Lebens ist. Nicht der Blick nach den Sternen, nicht mangelnder Schlaf, sondern die eigene, bewegte Lebensgeschichte hat Israel diesen Gott erfahren lassen. Er ist der Befreier: „Ich bin Jahwe, dein Gott, der dich aus Ägypten geführt hat, aus dem Sklavenhaus." (Ex 20, 2)

Gott, den Israel beim Namen kennt, Jahwe, das heißt: Der Ich-bin-da-für-euch, der allmächtige und lebendig nahe Gott spricht zu seinem geliebten Volk Israel – und wie er spricht! Er tut es mit der Leidenschaft dessen, der dieses Volk aus der Knechtschaft befreit hat, um es in ein Leben in Freiheit und Brüderlichkeit zu führen, was auch wir uns ja vom Leben aus dem Glauben in der Gemeinschaft des Neuen Volkes Gottes, der Kirche, erhoffen.

Wer diesen ersten Einleitungssatz übersieht, wem diese Erinnerung an die Urerfahrung, daß Gott befreit, bevor er gebietet, nichts sagt, der wird die Zehn Gebote in ihrer göttlichen Absicht leicht mißverstehen. Er wird sie schnell als lehrerhafte Gängelei oder als allgemeine Weisheit den Sonntagsrednern überlassen.

Wollen wir die Zehn Gebote der Bibel also verstehen, wie sie gemeint sind, so müssen wir, bevor wir sie einzeln hören und bedenken, innehalten und uns vergewissern: Welche Beziehung habe ich zu diesem Gott? Was weiß ich von ihm und seinen Bemühungen um die Menschen? Und was ist bisher in meinem Leben zwischen ihm und mir geschehen?

Wir leben in Freiheit und Reichtum, aber dennoch kennen wir „Einpeitscher" und sind es sogar selber, die uns unterdrücken.

„Sei brav und fall nicht aus der Rolle", denkt die Mutter, wenn sie beim Elternabend in der Schule etwas sagen möchte, und bleibt still. „Wir hatten uns so sehr einen Jungen gewünscht", hört die erwachsene Tochter immer noch ihre Eltern sagen und antwortet darum auf die Frage nach ihrem Beruf, sie sei „nur" Hausfrau und Mutter. „Lebe nicht", hört der alte Mensch in sich, „denn Leben ist Zur-Last-Fallen, und du bist eine Last." Und er zieht die Rolläden nicht mehr hoch und spricht nur mehr mit sich selbst. „Nur Vollkommenes gilt", erfährt das Kind in seiner Umwelt, und es zerreißt sein selbstgemaltes Bild, entwickelt eine Schreib-Lese-Schwäche und traut sich nichts mehr zu. „Sei stark", befiehlt sich der Vater und mag sein zögerndes Kind nicht mehr; es erinnert ihn an seine eigene Schwäche.

Jahwe, Gott, der auch für uns da ist, sagt mir: „Es ist gut, daß du da bist, weil ich dich liebe. Ich rufe dich bei deinem Namen. Lebe! Du magst schwach sein, unvollkommen, krank, traurig, in jeder Hinsicht arm – erlaube es dir vor mir, und du wirst leben."

Wir möchten das oft nicht glauben. Aber wenn wir nur entschlossen auf den Weg Gottes, der Jesus heißt, treten, wenn wir nur entschieden mit seinem Volk, der

Kirche, leben, so hören wir es immer neu und erfahren es am eigenen Leib: Dein Glaube hat dich geheilt, befreit, gelöst und zum neuen Leben, zur Freude, zur Seligkeit geführt.

Daß ich dieses von meinen Ängsten befreite Leben immer wieder erneuere, dazu ruft Gott mich in die Gemeinschaft der Kirche. Dieses erlöste Leben mir und allen zu geben, dazu hat er die Kirche eingerichtet. Dazu hat er sie – wie seine alte Liebe, das Volk Israel – auf die Grundlage der Zehn Gebote gestellt.

Die Kirche ist nicht immer und für alle ein Ort der Freiheit, im Gegenteil: Oft knebeln die verantwortlichen Kirchenmänner die Freiheit aus kleingläubigem Denken. Sie unterdrücken die einfachen Menschen aus ängstlicher Sorge. Die Amtsträger schweigen feige. Sie vertrauen mehr ihrer Macht und ihrem menschlichen Kalkül als der befreienden Kraft Gottes in den Menschen und geben den kleinen und schwachen Leuten nicht ihre Stimme. Aber Gott wirbt leidenschaftlich um sie, wie er schon um Israel geworben hat. Im Ersten Gebot sagt er es direkt, klar und unmißverständlich: „Du sollst neben mir keine anderen Götter haben!" (Ex 20, 3) Und er fährt, sich steigernd, fort: „Du sollst dir kein Gottesbild machen und keine Darstellung von irgend etwas am Himmel droben, auf der Erde unten oder im Wasser unter der Erde!" (Ex 20, 4)

Zuallererst müssen wir uns also vor diesem Gebot als Glied im Volke Gottes fragen: Kennen wir in der Kirche wirklich nur den einen Herrn? Sind uns politischer Einfluß, Macht über Menschen, das Ansehen bei den Leuten, Sicherheit und Reichtum wirklich nur zweitrangig und dienen wir nicht ihnen, sondern nur dem Einzigen Gott?

Und dann ist das eine Frage an mich und mein praktisches Alltagsleben. Habe ich mich nicht vielfältigen Göttern verschrieben? Da gibt es die Karriere. Manch einer ordnet ihr alles unter. Sie ist sein einziger Lebenssinn, und er opfert ihr sogar Frau und Kinder. Da gibt es die Götzen Sport oder Hobby. Ihnen gehören Samstag und Sonntag. Oder da sind „die Leute". Alles ist mir gleichgültig, nur nicht, was „die Leute" sagen. Da höre ich hin. Danach richte ich mich aus. Nach dem Willen „der Leute" erziehe ich meine Kinder, kleide ich mich. Noch viele andere Dinge gibt es, für die wir bereit sind, unsere Zeit und unser Geld, unsere Freundschaften und uns selbst bis zur Erschöpfung unserer Seele hinzugeben, im dumpfen Glauben, unser Glück zu gewinnen. Es sind

Illusionen, aber wir halten unerschütterlich gläubig daran fest.

Diese Vorstellungen vom Glück und die damit verbundenen Bilder vom „wahren" Leben sind unsere Götzenbilder, und wenn wir an Gott denken, so oft nur, indem wir ihn um Kraft und Beistand anflehen, diesen Götzen zu dienen. Wir spannen ihn als Erfüllungsgehilfen unserer ich-bezogenen Leidenschaften und Begierden ein und sind verbittert und unglücklich, wenn er uns nicht zu Willen ist. Wenn wir den Satz aus dem Alten Testament hören: „Du sollst dir kein Gottesbild machen", dann fühlen wir uns nicht persönlich angesprochen. „Wir haben ja keine Schnitzbilder oder keine goldenen Götzen", denken wir. „Wir schlachten keine Tiere für unsere Gottesdienste. Wir sind doch keine Wilden!" Dann lassen wir uns aber von der Nachbarin zur spiritistischen Sitzung einladen und befragen das Tischchen oder das Pendel. Sich im Morgengebet für den Tag Gott anzuvertrauen, das empfehlen wir höchstens Kindern; wir lesen statt dessen in der Zeitung unser Horoskop. Wenn uns im Fernsehen ein Satanspriester vorgestellt wird, der uns von Schwarzen Messen erzählt – erschrekken wir dann wenigstens noch? Wie steht es wirklich mit uns: Sind wir über die

dumpfen Ängste und ihre dunklen, „wilden" Mächte wirklich so erhaben?
Aber nicht die Götzenfigur ist das Entscheidende, sondern entscheidend ist: Wer besitzt mein Herz? An was hänge ich mit Leib und Seele, mit all meinem Denken, Sehnen und Trachten? Wer leitet mich? Wem überlasse ich mich und opfere ihm Zeit, Geld, Energie und vieles andere mehr?
Gott möchte nicht weniger als unser Herz. Er drückt das sehr gefühlvoll, menschlich aus: „Denn ich, der Herr, dein Gott, bin ein eifersüchtiger Gott: Bei denen, die mir feind sind, verfolge ich die Schuld der Väter an den Söhnen, an der dritten und vierten Generation." (Ex 20, 5b)
Manch einer rümpft die Nase über solche Worte: „Was für ein primitiver, tyrannischer Gott! Wie wenig milde, weise, über dem Menschlichen stehend!" Ich denke, Gott spricht die offene Sprache des Liebenden. Wir Menschen sind ihm nicht gleichgültig. Die Liebe drückt sich tausendfach verschieden aus – aber sollten diese Worte unsere guten Gefühle wirklich nicht mehr erreichen können?
Und darüber hinaus wird in dem Vers noch eine verdrängte Wahrheit genannt: Mit unserem gottlosen Leben, das Verbeugungen nur vor Reichen, Mächtigen und

vor „den Leuten" kennt, schränken wir nicht nur uns selber bis zum Herzinfarkt ein, sondern vererben wir unseren Kindern und Enkeln eine Hypothek, deren Ungeheuerlichkeit wir gerade erst zu ahnen beginnen. Es ist in unserem Lande üblich, ganze Wohnzimmereinrichtungen zu verramschen und sich „mal was Neues" zu holen. Daß dafür sinnlos tropische Wälder abgeholzt werden, das tun wir als „unsinnige Übertreibung" ab. Weil alle das tun, sprühen auch wir uns Haarspray auf den Kopf und machen dabei Witze übers Ozonloch – wenn wir überhaupt etwas über die Zerstörung der Erdatmosphäre durch die Spraygase wissen. Wir fahren mit dem Auto zum Briefkasten, werfen Batterien in den Mülleimer, schütten Chemikalien in den Abfluß. Und falls wir tatsächlich an die Zerstörung der Umwelt und die Sabotage der Schöpfung denken sollten, dann sagen wir: „Das machen sie ja alle, die Leute!"

Wir können froh sein, wenn dieser Tod, den wir schaffen, nur drei oder vier Generationen bedroht – und wenn die Gottesfurcht unserer Väter uns zum Segen wird, da Gott verspricht, „Tausenden meine Huld" zu erweisen – „bei denen, die mich lieben und auf meine Gebote achten". (Ex 20, 6)

DIE ZEHN GEBOTE: Exodus 20, 1–17

20 Dann sprach Gott alle diese Worte: ² Ich bin Jahwe, dein Gott, der dich aus Ägypten geführt hat, aus dem Sklavenhaus. ³ Du sollst neben mir keine anderen Götter haben. ⁴ Du sollst dir kein Gottesbild machen und keine Darstellung von irgend etwas am Himmel droben, auf der Erde unten oder im Wasser unter der Erde. ⁵ Du sollst dich nicht vor anderen Göttern niederwerfen und dich nicht verpflichten, ihnen zu dienen. Denn ich, der Herr, dein Gott, bin ein eifersüchtiger Gott: Bei denen, die mir feind sind, verfolge ich die Schuld der Väter an den Söhnen, an der dritten und vierten Generation; ⁶ bei denen, die mich lieben und auf meine Gebote achten, erweise ich Tausenden meine Huld. ⁷ Du sollst den Namen des Herrn, deines Gottes, nicht mißbrauchen; denn der Herr läßt den nicht ungestraft, der seinen Namen mißbraucht.

⁸ Gedenke des Sabbats: Halte ihn heilig! ⁹ Sechs Tage darfst du schaffen und jede Arbeit tun. ¹⁰ Der siebte Tag ist ein Ruhetag, dem Herrn, deinem Gott, geweiht. An ihm darfst du keine Arbeit tun: du, dein Sohn und deine Tochter, dein Sklave und deine Sklavin, dein Vieh und der Fremde, der in deinen Stadtbereichen Wohnrecht hat. ¹¹ Denn in sechs Tagen hat der Herr Himmel, Erde und Meer gemacht und alles, was dazugehört; am siebten Tag ruhte er. Darum hat der Herr den Sabbattag gesegnet und ihn für heilig erklärt.

¹² Ehre deinen Vater und deine Mutter, damit du lange lebst in dem Land, das der Herr, dein Gott, dir gibt.

¹³ Du sollst nicht morden.

¹⁴ Du sollst nicht die Ehe brechen.

¹⁵ Du sollst nicht stehlen.

¹⁶ Du sollst nicht falsch gegen deinen Nächsten aussagen.

¹⁷ Du sollst nicht nach dem Haus deines Nächsten verlangen. Du sollst nicht nach der Frau deines Nächsten verlangen, nach seinem Sklaven oder seiner Sklavin, seinem Rind oder seinem Esel oder nach irgend etwas, das deinem Nächsten gehört.

Das Zweite Gebot

In Gottes Namen

Du sollst den Namen des Herrn, deines Gottes, nicht mißbrauchen; denn der Herr läßt den nicht ungestraft, der seinen Namen mißbraucht. (Exodus 20, 7)

Gelernt haben wir dieses Gebot alle einmal: „Du sollst den Namen des Herrn, deines Gottes, nicht mißbrauchen." (Ex 20, 7) Als Kinder hat man uns belehrt: „Den Namen Gottes mißbrauchen, das ist, wenn du fluchst!" Richtig! Das gilt auch heute noch. Wie oft gebrauchen wir Gottes Namen: „Gott, geht es mir heute schlecht!" „Herrgott noch einmal, ist das eine Unordnung bei dir!" „Gott, habe ich einen Hunger!" Ist das geflucht? Oder meinen wir, das sei gebetet?

Haben wir erfahren, daß „nicht fluchen" lange nicht das einzige ist, um dieses Gebot zu halten? Ist uns klar, was es bedeutet, den Namen Gottes zu *gebrauchen?* Nur dann nämlich kann das vielfältige Versagen durch Mißbrauch seines Namens bewußt werden – seines Namens, den er uns im 1. Gebot genannt hat.

Er selbst nennt sich Jahwe, der „Ich-bin-da-für-euch". Jesus nennt ihn „Abba" – Vater, und er hat auch uns gelehrt, ihn Vater zu nennen. Die „Alten" nennen ihn ehrfürchtig „Herr"; ihn, den Schöpfergott, der jeden einzelnen von uns geschaffen hat, der Grund unseres Seins ist.

Er ruft jeden von uns, das lehrt unser Glaube, beim Namen; er hat uns seine Liebe und Treue versprochen. Immer wenn ich seinen Namen denke, fühle oder ausspreche, kann ich das, weil ich mein Leben aus seiner Hand habe. Er ist mein Schöpfer, vor dem ich mich verantworte. Wenn wir uns von einem Menschen geliebt wissen, so macht uns das stolz und glücklich und dankbar. Und wie ist es bei Gott? In so vielen Situationen gebrauchen wir seinen Namen. Da schimpft die Mutter: „O Gott, was hast du dich dreckig gemacht!" Der Sportfan freut sich: „Gott sei Dank, es ist schönes Wetter, das Fußballspiel kann stattfinden." Die eilige Hausfrau scherzt: „Beten Sie für mich, daß ich gleich im Schlußverkauf einen schönen Mantel finde." Da stöhnt der genervte Autofahrer: „Mein Gott, muß der denn so idiotisch fahren?" So „ehren" wir mit „Stoßgebeten" unseren Herrn ... Gedankenlos gebrauchen wir seinen Namen in sinnlosen Zusammenhängen. Sogar Schicksalsschläge werden ihm in die Schuhe geschoben: „Warum hat Gott das getan, das zugelassen?" fragen wir.

In unserem Alltag gibt es so viele Begebenheiten, in denen es um Gottes Namen geht – vom Gottesdienst über Erziehung bis zu Liebe und Gebet. Manch einer zum Beispiel tut seine Sonntagspflicht. Der Kirchgang ist eine liebe Gewohnheit, es wäre kein wirklicher Sonntag ohne ihn. Aber: die Gebete und Lieder werden mühe-

und gedankenlos heruntergebetet, während man in Ruhe die anderen Kirchgänger und deren Benehmen und Kleidung begutachten kann, nach dem Motto: „Ah, die Erna hat wieder ein neues Kleid. – Oh, der Meyer kommt heute allein! – Natürlich muß gerade die in der ersten Bank knien. – Ludwig geht wie immer vor dem Schlußlied..." – Habe ich so die Sonntagspflicht erfüllt, Gottes Namen und damit ihn selbst geehrt? Ich meine, wenn ich nicht bereit bin, andächtig mein Herz für Gottes Wort zu öffnen, es in mein Herz zu lassen und darüber nachzudenken, verachte ich nicht nur die Frömmigkeit der anwesenden Gläubigen, sondern ich mißachte vor allem Gott selbst, seine Zuwendung, die er mir in der Eucharistie schenkt.

Gottes Namen achtungsvoll während der Messe anzurufen heißt, ganz konkret: Mitdenken beim Beten, Zuhören beim Evangelium, Mitsingen der Lieder (Brille nicht vergessen!), Bemühen um freundliche Gedanken meinen Mitmenschen gegenüber. Sonst wäre meine Anwesenheit im Gotteshaus sinnlos und leer, meine Gebete wären nur Lippenbekenntnisse, denen jede Achtung vor Gottes Namen fehlt, weil ich mich nicht zu seinem Wort und Willen bekenne.

Von diesem unheiligen und verächtlichen Gottesdienstbesuch ist es nur ein kleiner Schritt, alle Sakramente ohne Überzeugung, ohne inneres Begehren, ohne Achtung vor ihrer Bedeutung, sozusagen als Dienstleistung, zu benutzen.

Die Sakramente sind uns geschenkt als besondere Zuwendung und Zusage Gottes für unser Leben. Sie erneuern, bestätigen und bestärken die Verbundenheit mit Gott. Will ich das, wenn ich ein Sakrament erbitte? Will ich mich im Glauben mit Gott verbinden, will ich mein Leben nach seinen Geboten richten? Dieser Wille und die tiefe Hingabe an Gott sind die Voraussetzung für den Empfang eines Sakramentes.

Wie häufig, wie geläufig ist dagegen heutzutage der Mißbrauch von Gottes Namen im Sakramentenempfang geworden! Unzählige Taufen, Erstkommunionen, Trauungen werden nur gewünscht, weil „es alle so machen", weil „es so ein schönes Fest ist"; man bekommt solches ja immer wieder als „Argument" zu hören. So wird Gottes heiliger Name nur als nichtssagendes Aushängeschild für ein Folklorefest mißbraucht.

Die Frage dabei ist, ausgehend vom Gebot: Will ich zum Beispiel als Mutter oder Vater mein Kind im Glauben erziehen, mit ihm beten, es in das Evangelium einführen, mit ihm die Gemeindegottesdienste besuchen und selbst in der Nachfolge Jesu leben? Oder mache ich die Taufe nur zu einem leeren Symbol, vielmehr noch, mißbrauche ich so Gottes Anspruch an mich, mein Leben, das Leben meines Kindes?

Es genügt nicht, mir bei der Taufe oder Erstkommunion meines Kindes vorzustellen: „Ich will meinem Kind nichts vorenthalten. Ich will das Kind nicht später vor anderen in Verlegenheit bringen. Es kann sich auch später selber entscheiden."

Solche Argumente genügen ebensowenig wie die gängige Begründung für den Wunsch nach der kirchlichen Trauungszeremonie: „Ich möchte Gottes Segen. Es muß doch noch etwas mehr sein als zum Beispiel nur so ein bürokratischer Akt wie der Vertrag beim Standesamt."

Gott bietet sich selbst an als Partner für unser Leben! Und was tun wir damit? Das ist, als ob ein Freund, eine Freundin uns Liebe für unser ganzes Leben zusagte – und wir wollten zwar die Liebe nicht, nähmen aber, sooft wir sie brauchten, bei jedem Besuch Blumen aus ihrem Garten mit. So wie die mitgenommenen Blumen nicht die Liebe zur Freundin, zum Freund erhalten, so kann das Sakrament ohne unser eigenes Dazutun nicht wirken. Es ist ja keine Magie, kein Zauber, der so über einen ausgegossen wird und dann selbsttätig seine Wirkung ausübt.

Wie ein Zauber kann Gottes Liebe schon sein, aber nur, wenn ich mich darauf einlasse, wenn ich das Wunder der Liebe zulasse, es achte und hüte. Meine Liebe zu meinem Partner ist ein Abglanz der Liebe Gottes zu mir. In diesem Bewußtsein ist es selbstverständlich für die Brautleute, daß das zu beginnende gemeinsame Leben auch ein Leben miteinander vor Gott ist. Ihr Wunsch nach Gottes Segen für ihre Beziehung geschieht voller Achtung vor seinem Willen – in Gottes Namen!

„Du sollst den Namen des Herrn, Deines Gottes, nicht mißbrauchen..." – Das heißt nicht, daß ich Gott nicht immer und ständig anrufen, ihn nicht für jede Kleinigkeit ansprechen dürfte. Ich soll sogar beten: „O Gott, sei bei mir in dieser schweren Stunde." Ich darf mich freuen: „O Herr, wunderschön ist der Sonnenuntergang!" Zu Recht bitte ich: „Ach Gott, hilf mir doch, ich weiß nicht, was ich machen soll!" Wie selbstverständlich danke ich: „Gott, wie wunderbar hast du diese kleine Katze gemacht, ich danke dir..."

Wenn ich innerlich tief mit Gott verbunden bin, wird es eh keine Handlung und kein Geschehen in meinem Leben geben, in dem ich nicht mit Gott Zwiesprache halte. Er hat uns ja versprochen, ganz und immer für uns dazusein. Ich soll seinen Namen aber nicht gedankenlos und sinnlos gebrauchen. Gott anzurufen und sich auf ihn einzulassen, das ist untrennbar. Gottes Namen gebrauchen – das ist: ihn, Gott selbst, in Anspruch nehmen, in seinem Namen beten, handeln, leben.

Gottes Namen mißbrauchen kann der nicht, der Gott gar nicht kennt. Auch nicht der, der zweifelnd-fragend sich mit Gott auseinandersetzt. Wer ihn aber kennt und ihn dennoch lächerlich macht, nicht ernst nimmt, verachtet und mißachtet, der mißbraucht seinen Namen. Und für den heißt es in dem Gebot weiter: „... der Herr läßt den nicht ungestraft, der seinen Namen mißbraucht."

Ich weiß nicht, wie Gott straft. Ich weiß aber, daß die Folge für Menschen, die immer wieder Gottes Namen mißbrauchen, sehr schlimm ist. Kann denn ein Mensch, der nicht bereit ist, sich auf Gottes Liebesangebot mit Mühe und Achtung einzulassen, seinen Mitmenschen gegenüber der Liebende sein? Kann er einer sein, der Liebe empfangen und geben kann?

Als Gottes Geschöpfe sind wir Menschen doch so geschaffen, daß wir nur in Gemeinsamkeit und gegenseitiger Liebe unsere Lebenserfüllung finden können – in Gottes Namen.

DAS DRITTE GEBOT

Frei von Arbeit

Achte auf den Sabbat: Halte ihn heilig, wie es dir der Herr, dein Gott, zur Pflicht gemacht hat. Sechs Tage darfst du schaffen und jede Arbeit tun. Der siebte Tag ist ein Ruhetag, dem Herrn, deinem Gott, geweiht. An ihm darfst du keine Arbeit tun ... (Deuteronomium 5, 12–14)

Mittwochs frei – sonntags arbeiten? Zeitungsmeldungen über Politiker, die an der Sonntagsruhe kratzen, reißen nicht ab. Kirchen mahnen, Gewerkschaften protestieren, Industriebosse geben sich unerbittlich. Ich denke zunächst: „Worüber die sich nur alles streiten können! Der Sonntag ist tabu – was soll das? Die halbe Welt arbeitet doch sowieso schon! Warum auch nicht? Am besten wär's, Arbeit ganz abschaffen; nicht nur sonntags nicht, überhaupt nicht arbeiten. Aber wenn schon arbeiten, dann möglichst kurz und für möglichst viel ‚Kohle', von mir aus auch sonntags."

Wenn ich so denke, lebe ich nach dem Grundsatz: „Hauptsache, die Kasse stimmt." Unternehmer huldigen der gleichen Richtschnur. „Wir müssen konkurrenzfähig bleiben", sagen sie, „teure Produktionsanlagen müssen sich rentieren und möglichst rund um die Uhr betrieben werden." Darum fordern sie: „Sonntagsarbeit muß erlaubt werden! Das Grundgesetz behindert den wirtschaftlichen Fortschritt." (Artikel 140 des Grundgesetzes gebietet die Sonntagsruhe.)

Ein knallhartes Argument. Aufs erste verschlägt mir das die Sprache. Ich will ja nicht arbeitslos werden. Meine Firma soll nicht Pleite machen. Aber: wenn ich mich also aufs Wochenende freue, weil da meine Frau nicht ins Büro muß und auch unser Ältester frei hat und sich schon mal Zeit nimmt, mit der ganzen Familie zum Camping zu fahren – sollen das Gefühle von vorgestern sein? Ich behindere den Fortschritt, wenn ich das wichtig und den freien Sonntag für alle richtig finde? Soll ich mir denn, wenn wirtschaftliche Gesichtspunkte zum Zuge kommen, für meine stets wechselnde Freizeit einen stets wechselnden Freundeskreis und eine Austauschfamilie zulegen? So kann ja wohl Fortschritt nicht gemeint sein.

Also zunächst: Die Kasse muß stimmen, und die Wirtschaft muß florieren. Doch die gewachsenen und verläßlichen Beziehungen in den Familien, unter Freunden und Nachbarn, der Zusammenhalt in Gruppen und Gemeinschaften in der gemeinsamen Freizeit – sie sind so wesentlich für jeden Menschen und für das Leben der Gesellschaft wie das Geld. Sport, Kultur, Einsatz für Menschlichkeit – all das lebt von menschlicher Gemeinschaft, die nicht unter der alleinigen Herrschaft des wirtschaftlichen Profits steht.

Das ist auch mit dem 3. Gebot im Alten Testament gemeint: „Sechs Tage darfst du schaffen und jede Arbeit tun. Der siebte Tag ist ein Ruhetag, dem Herrn, deinem Gott, geweiht. An ihm darfst du keine Arbeit tun: du, dein Sohn und deine Tochter, dein Sklave und deine Sklavin, dein Rind, dein Esel und dein ganzes Vieh ..." (Dtn 5, 13–15; vergleiche Ex 8–11)

Wir sollen arbeiten, aber wenigstens einen Tag in der Woche sollen wir von Arbeit freihalten. Für das Volk Israel war es der „Samstag", für uns Christen ist es der „Auferstehungs-Sonntag". Schließlich gibt es nicht nur eine Gemeinsamkeit in der Arbeit, sondern ebenso eine alle und alles umfassende Gemeinsamkeit in der Ruhe von der Arbeit. Und beides bedingt sich.

Zunächst fällt auf, daß im 3. Gebot mit einer gewissen Ruhe und Selbstverständlichkeit von Arbeit gesprochen wird. Sie gehört zum Leben dazu. Sosehr ich mich über Faulenzer auch ärgere, sosehr ich oft morgens alles andere lieber täte, als an meine Arbeit zu gehen, so sehr macht es mir doch auch Spaß, mich in meinem Beruf betätigen zu können, dort mit anderen Menschen in Kontakt zu kommen, mit Kollegen zusammen zu sein, Probleme zu lösen und etwas zu leisten.

Es gibt allerdings auch den Chef, dem es keiner recht machen kann und der glaubt, nur durch Antreiben Menschen führen zu können. Oder den Abteilungsleiter, der mich abblitzen läßt. Mir liegt meine Arbeit am Herzen, ich wüßte bei uns einiges zu verbessern und habe auch schon Pläne im Kopf, aber er meint nur: „Tun Sie, was Ihnen gesagt wird, und überlassen Sie das andere mir!" Es gibt die Kollegen, die in der Frühstückspause große Sprüche klopfen, wie sie dem Polier Bescheid sagen werden, und denen dann kurze Zeit später das Maul verklebt scheint, ja die mich vielleicht sogar noch reinlegen. Oder da werden die vielfältig unternehmerischen Leistungen einer guten Hausfrau vom eigenen Mann und den heranwachsenden Kindern als selbstverständliche Alltäglichkeiten übergangen und mißachtet. Dann macht die Arbeit keinen Spaß, sondern ist Quelle für Ärger und Demütigung.

Oft bin ich es auch selber, der mir die Arbeitsfreude vermiest. Vielleicht aus überzogenen Lebensansprüchen oder auch einfach aus Angst vor Ruhe oder familiärer Nähe halse ich mir Arbeit über Arbeit auf, im Betrieb und nach Feierabend, und ich zerstöre mein und meiner Familie Leben mit Streß und Hetze.

Weil die Arbeit beides sein kann: Freude und Qual, darum ist es so notwendig, sie regelmäßig immer wieder liegenzulassen und sich darauf zu besinnen, was Arbeit für mich notwendig macht und wie ich mit ihr umgehe. Es ist notwendig, mich dem zuzuwenden, der der Herr meines Lebens ist. Das ist für mich als Christ nicht der Chef, nicht die Gehaltsabrechnung, nicht die Lebensansprüche der Reklame, sondern Gott. „Der siebte Tag ist ein Ruhetag, dem Herrn, deinem Gott, geweiht." (Dtn 5, 14)

Daß auch den heutigen Sachzwängen nicht unter der Hand eine unmenschliche Lebensordnung wird, daß wir Menschen in der Anonymität und Hektik der Arbeitswelt uns nicht selbst verlieren, dazu brauchen wir Ruhe und Besinnung in arbeitsfreier Zeit.

Es gibt heute zahlreiche Angebote zur Sonntagsgestaltung. Auto- und Möbelhäuser laden ein zum Bummel durch ihre Ausstellungsetagen. Flohmärkte locken zu „Entdeckungsreisen", versprechen Schnäppchen und bieten Gelegenheiten, sich als Hobbyverkäufer zu versuchen. Große Jahrmärkte oder Vergnügungsparks reizen mit immer gigantischeren Vergnügungsmaschinen an. Der Sport ist längst für Millionen zur „Sonntagspflicht" geworden, und seine Fernseh-Moderatoren haben das Sagen in den Familien seiner Anhänger.

Im 3. Gebot ist natürlich nicht an diese Art Wochenende gedacht, wenn es heißt: „Achte auf den Sabbat: Halte ihn heilig, wie es dir der Herr, dein Gott, zur Pflicht gemacht hat." (Dtn 5, 12) So schön solche Vergnügungen alle sind – wenn sie oder ähnliches regelmäßig den Sonntag füllen, verhindern sie genauso wie übertriebene Arbeit, daß ich zu mir selber komme. „Denk daran, als du in Ägypten warst, hat dich der Herr, dein Gott, mit starker Hand herausgeführt! Darum hat es dir der Herr, dein Gott, zur Pflicht gemacht, den Sabbat zu halten." (Dtn 5, 15)

Nicht mit Zerstreuung und Zeitvertreib heilige ich den Sonntag, sondern indem ich innehalte – eingedenk all dessen, was Gott mir getan hat. Die Woche war vielleicht voller Ärger mit den Kindern; es gab Enttäuschungen in der Ehe; ich bin in einen Streit mit Nachbarn hineingezogen worden. Ich habe aber vielleicht auch erlebt, wie ich ruhig und besonnen blieb in all diesen Anforderungen. Ich habe mich womöglich gewundert über mich und die Kraft und Gelassenheit, die mir diesmal aus Gebet und Gottvertrauen zuwuchs.

Am Sonntag habe ich Zeit, diesen Erfahrungen noch einmal innerlich nachzugehen und Gott zu danken.

„In sechs Tagen hat der Herr Himmel, Erde und Meer gemacht und alles, was dazugehört; am siebten Tage ruhte er. Darum hat der Herr den Sabbattag gesegnet und ihn für heilig erklärt." (Ex 20, 11) Gott ruhte voll Freude über die gute Schöpfung. Das ist die Welt, in der wir leben, und nicht nur die von längst vergangenen Zeiten; denn auch in unserem Leben gibt es nicht nur Ärger und Leid, sondern wir erleben ebenso Glück und Gutes.

Wenn ich gesund bin, geliebt werde, spüre, daß ich für andere nötig bin, so mag das mancher für selbstverständlich halten; aber ich vergebe mir etwas Wunderbares, wenn ich diese Selbstverständlichkeiten nicht auch immer wieder dankbar bedenke und deshalb die arbeitsfreie Zeit am Sonntag besonders durch die Feier der Eucharistie heilige.

Viele, besonders unter den Älteren, hören beim 3. Gebot auch das Stichwort „Sonntagspflicht", und sie verbinden mit dieser Pflicht sehr unangenehme Gefühle. Sie erinnern sich an diesen und jenen Priester, der sie in ihrer Jugend bedrängt und bedroht hat, sonntags zur Kirche zu kommen. Sie verbinden mit der Feier der Sonntagsmesse Langeweile, Heuchelei und noch vieles Negative, nur nicht

Freude und Ermutigung. Andere haben die Woche über Dutzende von Pflichten zu erfüllen und reagieren mit heftiger Abwehr, wenn sie von der Kirche dann auch sonntags noch mit Pflichten bedrängt werden. Sie leben zwar nicht unter dem „ägyptischen Pharao", aber sie wollen sich auch nicht von der Kirche herumkommandieren lassen.

Schrecklich, wenn jemand mit dem Sonntag solche Gefühle verbindet!

In vielen Fällen werden solche Erfahrungen durch das Leben heutiger Pfarrgemeinden nicht mehr bestätigt, aber ebensooft ist die Atmosphäre bei Sonntagsmessen kühl und distanziert, die Priester geben sich kleingläubig und mißtrauisch der Welt und den Menschen gegenüber. Und von der Herrlichkeit der Auferstehung ist wenig zu spüren, die der Grund und die Kraft des Sonntags sein soll.

Nur mit drohend verkündeten Geboten läßt sich der Tag des Herrn nicht heiligen, sondern nur, wenn da eine in Liebe lebendige Gemeinde ist, die sich von Jesu Wort und Beispiel bewegen läßt. Die etwas von Gottes Schöpfergeist ausstrahlt. Die unerschütterlich im Vertrauen auf die Freiheit der Kinder Gottes lebt.

Dann läßt sich auch ohne Schaden sagen, was die Kirche, will sie sich nicht selber aufgeben, sagen muß (und wie es im Gotteslob, Seite 155, steht): „Das Versäumen der sonntäglichen Eucharistiefeier ist eine ernsthafte Verfehlung vor Gott und der Gemeinde!"

DIE ZEHN GEBOTE: Deuteronomium 5, 1–22

5 Mose rief ganz Israel zusammen. Er sagte zu ihnen: Höre, Israel, die Gesetze und Rechtsvorschriften, die ich euch heute vortrage. Ihr sollt sie lernen, auf sie achten und sie halten.

² Der Herr, unser Gott, hat am Horeb einen Bund mit uns geschlossen. ³ Nicht mit unseren Vätern hat der Herr diesen Bund geschlossen, sondern mit uns, die wir heute hier stehen, mit uns allen, mit den Lebenden. ⁴ Auge in Auge hat der Herr auf dem Berg mitten aus dem Feuer mit euch geredet. ⁵ Ich stand damals zwischen dem Herrn und euch, um euch das Wort des Herrn weiterzugeben; denn ihr wart aus Furcht vor dem Feuer nicht auf den Berg gekommen. Der Herr sprach:

⁶ Ich bin Jahwe, dein Gott, der dich aus Ägypten geführt hat, aus dem Sklavenhaus. ⁷ Du sollst neben mir keine anderen Götter haben. ⁸ Du sollst dir kein Gottesbildnis machen, das irgend etwas darstellt am Himmel droben, auf der Erde unten oder im Wasser unter der Erde. ⁹ Du sollst dich nicht vor anderen Göttern niederwerfen und dich nicht verpflichten, ihnen zu dienen. Denn ich, der Herr, dein Gott, bin ein eifersüchtiger Gott: Bei denen, die mir feind sind, verfolge ich die Schuld der Väter an den Söhnen und an der dritten und vierten Generation; ¹⁰ bei denen, die mich lieben und auf meine Gebote achten, erweise ich Tausenden meine Huld.

¹¹ Du sollst den Namen des Herrn, deines Gottes, nicht mißbrauchen; denn der Herr läßt den nicht ungestraft, der seinen Namen mißbraucht.

¹² Achte auf den Sabbat: Halte ihn heilig, wie es dir der Herr, dein Gott, zur Pflicht gemacht hat. ¹³ Sechs Tage darfst du schaffen und jede Arbeit tun. ¹⁴ Der siebte Tag ist ein Ruhetag, dem Herrn, deinem Gott, geweiht. An ihm darfst du keine Arbeit tun: du, dein Sohn und deine Tochter, dein Sklave und deine Sklavin, dein Rind, dein Esel und dein ganzes Vieh und der Fremde, der in deinen Stadtbereichen Wohnrecht hat. Dein Sklave und deine Sklavin sollen sich ausruhen wie du. ¹⁵ Denk daran: Als du in Ägypten Sklave warst, hat dich der Herr, dein Gott, mit starker Hand und hoch erhobenem Arm dort herausgeführt. Darum hat es dir der Herr, dein Gott, zur Pflicht gemacht, den Sabbat zu halten.

¹⁶ Ehre deinen Vater und deine Mutter, wie es dir der Herr, dein Gott, zur Pflicht gemacht hat, damit du lange lebst und es dir gut geht in dem Land, das der Herr, dein Gott, dir gibt.

¹⁷ Du sollst nicht morden, ¹⁸ du sollst nicht die Ehe brechen, ¹⁹ du sollst nicht stehlen, ²⁰ du sollst nicht Falsches gegen deinen Nächsten aussagen, ²¹ du sollst nicht nach der Frau deines Nächsten verlangen, und du sollst nicht das Haus deines Nächsten begehren, nicht sein Feld, seinen Sklaven oder seine Sklavin, sein Rind oder seinen Esel, nichts, was deinem Nächsten gehört.

²² Diese Worte sagte der Herr auf dem Berg zu eurer vollzähligen Versammlung, mitten aus dem Feuer, aus Wolken und Dunkel, unter lautem Donner, diese Worte und sonst nichts. Er schrieb sie auf zwei Steintafeln und übergab sie mir.

DAS VIERTE GEBOT

Gehorchen oder ehren?

Ehre deinen Vater und deine Mutter, wie es dir der Herr, dein Gott, zur Pflicht gemacht hat, damit du lange lebst und es dir gut geht in dem Land, das der Herr, dein Gott, dir gibt. (Deuteronomium 5, 16)

Stefan erzählt begeistert: „Ich habe eine Lehrstelle als Schreiner! Ist das nicht toll – ein Ausbildungsplatz in meinem Traumberuf!" Vater: „Was bildest du dir ein? Habe ich nicht mein Leben lang alle Energie und alles Geld in die Buchhandlung gesteckt, weil du sie übernehmen sollst?" – „Nein, Vater, du weißt, ich wäre unglücklich in deinem Laden!" – „Zu einem anderen Beruf gebe ich nicht die Einwilligung, die brauchst du aber für den Lehrvertrag." – „In deinen Laden gehe ich auch nicht!" – „Du mußt, du hast deinen Eltern zu gehorchen!"

Viele Gespräche zwischen Eltern und deren Kindern enden so wie hier, mit der absoluten Gehorsamsforderung der Eltern, oft unterstützt mit dem Hinweis auf das Vierte Gebot: „Ehre deinen Vater und deine Mutter..." (Dtn 5, 16; Ex 20, 12) Ist das denn tatsächlich ein Gehorsamsgebot? Den Eltern zur Unterstützung bei der Erziehung gegeben?

Nein! Es ist viel mehr; denn Gehorsam kann ohne Ehrerbietung erfolgen. Gehorsam ist nur dann eine vertretbare Tugend, wenn sie aus Liebe, Achtung, Vertrauen, Ehrerbietung erfolgt. Das Gebot aber verlangt: ehren!

Wenn der Vater seinen Sohn liebt, weiß er, daß Stefan in der Buchhandlung nicht glücklich werden kann; er wird ihm, wenn möglich, zu einem anderen Beruf verhelfen. Wenn Stefan seinen Vater achtet, wird er dessen Mühe und Sorge um den „Laden" verstehen und sich ernsthaft fragen, ob die Arbeit dort wirklich seinem Lebensglück entgegensteht. Falls ja, muß er offen und ehrlich zu seinem Vater darüber sprechen (und nicht erst mit dem anderen Lehrvertrag erscheinen). Das hieße in diesem Fall: den Vater ehren.

Oft sind die Vorbedingungen, die Eltern zu ehren, sehr schwierig: Wenn es zum Beispiel dem Kind immer so schien, als würde es nicht angenommen so, wie es ist, weil es anders ist, als von den Eltern erwünscht und erhofft; wenn verschiedene Weltanschauungen jede Annäherung verhindern; wenn Vater oder Mutter ein in den Augen des Kindes schlechtes Leben führen; wenn sie die Kinder schlecht behandelt, vernachlässigt oder verwöhnt haben; wenn sie krank und womöglich dadurch unausstehlich geworden sind; wenn die Eltern sich getrennt haben und einer den anderen vor dem Kind herabwürdigt ... – wie sollen dann Kinder Vater und Mutter ehren?

Ehre – das ist ein Teil von Liebe, von der großen Liebe, die wie eine Zauberkraft alles möglich macht. Zu dieser Kraft und

Fähigkeit kann nur Gottes Hilfe führen. Er, der immer wieder verzeiht, der jeden Menschen mit all seinen Schwächen annimmt, Er, der mich immer liebt, kann mir einen Abglanz seiner Liebe schenken – für andere. Und dazu verhilft auch das Vierte Gebot. Wenn ich nicht lieben kann, so kann ich mich doch um Wesenszüge der Liebe bemühen, zu denen ich fähig bin; ich kann zum Beispiel üben, ehrerbietig zu sein.

Auf dem „Prüfstand" steht das Vierte Gebot oft in der Phase des Sich-Loslösens vom Elternhaus:

Inge möchte von zu Hause ausziehen. Ihre Eltern wollen das nicht zulassen. Die Tochter soll weiter nicht nur mit den Eltern leben, sondern auch so leben, wie die Eltern es bestimmen. Auch befürchten die Eltern, daß Inge nicht allein „zurechtkommt" und – daß sie sie „verlieren".

Die Tochter muß nicht, um diesen Ängsten der Eltern entgegenzukommen, in denen ja auch mangelndes Vertrauen zu ihr steckt, gehorchen und zu Hause wohnen bleiben. Wenn sie die Eltern aber weiterhin ehrt, so muß sie diese erfahren lassen, daß zum Beispiel eine nur räumliche Entfernung nicht gleichzusetzen ist mit dem Aufgeben aller Werte, die sie bei den Eltern gelernt hat, oder gar mit der Auflösung der Beziehung.

Der oft in solchen Situationen geübte Kompromiß, bei den Eltern wohnen zu bleiben, verhindert nicht nur die Erfahrung für alle, selbständig zu werden, Vertrauen und Aufrichtigkeit zu stärken, sondern er bringt statt dessen für alle eine wohl gemeinsame, aber entwürdigende Lebensführung mit sich. Der junge Mensch ist zwar rein äußerlich, was die räumliche Anwesenheit betrifft, den Eltern gehorsam, löst sich jedoch in seiner ganzen Lebensführung und seiner inneren Haltung von ihnen – was die, dann zu Recht, enttäuscht.

Wir kennen viele andere Beispiele: „Mutter, ich gehe heute mit Wolfgang auf eine Fete; es wird spät, und wir wollen nicht in der Nacht zurückfahren. Ich möchte dann bei ihm übernachten." – „Was fällt dir ein? Du weißt genau, daß ich mit diesem Jungen nicht einverstanden bin, der paßt einfach nicht zu uns. Wenn du nicht hören kannst und mit ihm Schluß machst, so darfst du gar nicht mehr raus."

Kerstin muß sich fragen: Hat die Mutter recht? Handle ich selbst nur aus Eigensinn oder Trotz? Liegen tiefe, unterschiedliche Auffassungen von Leben und Beurteilungen der Menschen zugrunde? Falls das so ist, muß Kerstin ihren Freund nicht aufgeben; aber sie muß die Situation offen und ehrlich mit ihrer Mutter besprechen. Vielleicht „gehorcht" Kerstin aber gegen ihre Überzeugung. Vielleicht hat sie sich eine Unterwürfigkeit angewöhnt, die jeder Auseinandersetzung, auch einer guten Auseinandersetzung, aus dem Wege geht. Wenn Kinder die Forderungen ihrer Eltern als unabänderliche Selbstverständlichkeit hinnehmen, so muß das nicht unbedingt eine Haltung von Ehrerbietung sein. Es kann sogar das Gegenteil ausdrücken. Nämlich, daß sie den Eltern gar nicht zutrauen, eine neue Situation verstehen zu können, sich zu ändern und/oder tolerant sein zu können, letztlich: nicht lieben zu können.

Vom Gehorsam Jesu seinen Eltern gegenüber berichtet uns Lukas in seinem Evangelium (2, 41–52): Der junge Jesus war, ohne seine Eltern zu fragen, im Tempel geblieben. Den besorgten Eltern sagte er nur: „Wußtet ihr nicht, daß ich in dem sein muß, was meinem Vater gehört?" Dann ging er mit ihnen – und „war ihnen gehorsam".

So haben auch wir, als Heranwachsende, als Erwachsene, zunächst unser Leben vor Gott zu verantworten. Dankbar gegenüber den Eltern verhalten wir uns durch eine Lebensführung und Lebenshaltung, die nach Gottes Willen ist. Dann dürfen wir auch Forderungen der Eltern hinterfragen – und müssen sie unter Umständen ablehnen.

Probleme treten häufig auf, wenn es um die Pflege betagter Eltern geht. Heinz sagt seiner Frau: „Wir nehmen die Mutter zu uns, sie kann ja nicht mehr allein zurechtkommen." Helga: „So? Das bestimmst du? Du weißt doch, daß wir uns nie vertragen haben. Dir ist es offensichtlich egal, wenn unsere Ehe dabei draufgeht!" – „Nein, überhaupt nicht, aber was soll ich denn machen? Bin ich nicht als guter Christ verpflichtet, sie nicht einfach abzuschieben?" – „Als guter Christ bist du viel mehr verpflichtet, deine gute Ehe zu erhalten!"

Gewiß, als Sohn, der seine Mutter ehrt, ist Heinz verpflichtet, diese, hilflos, wie sie geworden ist, nicht abzuschieben. Aber gibt es nicht andere Möglichkeiten der guten Altersversorgung als eine, die im Haushalt der Kinder erzwungen wird? Eine solche – und zwar die beste – Lösung herauszufinden und zu ermöglichen, ohne Zeit und Geld zu scheuen, dazu ist Heinz verpflichtet. Eine Situation, die zu einem alle demütigenden Leben führte, hätte nichts mit „ehren" zu tun, wäre nicht „ehrlich". In manchen Familien sind die Beziehungen so, daß es leicht fällt, Vater und Mutter zu ehren. Das ist aber nicht selbstverständlich.

Weil wir nur dann glücklich und „heil" sein können, wenn es uns gelingt, alles, was zu unserem Leben gehört, miteinander zu verarbeiten und zu vereinbaren, ist es für unsere eigene Persönlichkeitsentwicklung – heute sagt man: „sich selber finden" – ganz wichtig, die Eltern zu ehren. Die Eltern, das Leben mit ihnen und die Erfahrungen mit ihnen sind wichtiger Teil unseres eigenen Lebens.

Nicht nur aus Achtung gegenüber den Eltern und weil sie uns das Leben geschenkt und bereitet haben, sondern auch um dieses Anteiles in uns selbst willen müssen wir Vater und Mutter ehren. Nicht von ungefähr heißt es ja: Wer seine Familie und seine Herkunft verleugnet, verleugnet sich selbst. Nur ein „heiler", mit sich einiger Mensch kann helfen, eine solche heile Welt zu schaffen und zu erhalten. Junge Menschen erklären immer wieder, wie lebenswichtig es für sie ist, „sich selbst zu finden". Ob sie dabei diese wichtigen Zusammenhänge ahnen? Diese heile Welt ist uns vielfach von Gott verheißen. Er hat uns, zu unserem Heil, seinen Sohn geschickt. Er hat uns, zu unserem Heil, die Gebote gegeben, „damit du lange lebst in dem Land, das der

Herr, dein Gott, dir gibt" (Ex 20, 12). Zunächst war mit diesem Land Israel gemeint, das verheißene Land, in das Gott sein auserwähltes Volk aus Sklaverei, Armut und Elend im Ägypterland geführt hatte.

Wir leben heute nicht in Sklaverei unter fremden Diktatoren. Unsere Sklaverei, Armut und Elend haben verschiedene Gesichter, und wir leiden immer wieder darunter. Unsere „Armut" können wir da erleben, wo wir uns selbst in unserer Lebensvielfalt, in unseren Wurzeln, beschneiden. Unser „Elend" beruht oft in unklaren und un-ehrlichen (in „ehrlich" steckt „ehren") Beziehungen.

Das Gebot, Vater und Mutter zu ehren, „wie es dir der Herr, dein Gott, zur Pflicht gemacht hat" (Dtn 5, 16), fordert von uns, Zusammenhänge zu erkennen und anzunehmen, damit es uns „gut geht", wie Gott selbst verheißt.

Sein Gebot nicht willkürlich und „blind" anzuwenden, sondern es in seiner befreienden und richtungweisenden Art zu leben, hilft, uns von Ängsten und Zwängen, die oft unsere Beziehungen stören, zu lösen . . . und den wahren Quell der Liebe zu finden.

DAS FÜNFTE GEBOT

Manches Wort ist Mord

Du sollst nicht morden.   *(Exodus 20, 15)*

„Der ist für mich gestorben!" sage ich von meinem Kollegen, der schlecht über mich gesprochen hat. „Die kannst du vergessen!" heißt es über eine Frau im Verein, die häufig eine andere Meinung hat als die Mehrheit. „Das verzeih' ich dir nie, daß Mutter dir den teuren Ring von Vater geschenkt hat", sagt ein Erbe zu seinem Bruder; er schaut ihn dabei an, daß jeder weiß: wenn Blicke töten könnten, wäre es aus mit ihm.
Können aber Blicke nicht wirklich töten? Und sind Worte wirklich nur so machtlos, wie es manchmal scheint?
Wie geht es mir selbst, wenn ich solch einen schlimmen Satz über mich höre? Ich lache vielleicht, gebe mich ungerührt oder gelassen, aber nicht immer ist die Sache damit erledigt. Es gibt mir einen Stich ins Herz, ja es nimmt mir den Atem. Ich muß mich setzen, es geht mir an die Nieren. Das sind nicht nur so Redensarten: So fühle ich mich wirklich, wenn andere ihr „Todesurteil" über mich sprechen und damit auch schon teilweise vollstrecken. Und natürlich geht es anderen ebenso wie mir. Ja, wer sich etwas Feinfühligkeit der Seele erlaubt, spürt diese Lebensbedrohung am eigenen Leib, auch wenn gar nicht er selbst, sondern „nur" ein anderer gemeint ist.

„Du sollst nicht morden", lautet einfach und unmißverständlich das 5. Gebot im Alten Testament (Ex 20, 15 und Dtn 5, 17; geläufiger ist uns die alte Übersetzung: „Du sollst nicht töten"). Gemeint ist damit nicht nur jeder Mord, jeder kaltblütig geplante und durchgeführte Mord. Gemeint ist auch jeder Versuch, das Leben eines Menschen einzuschränken und zu zerstören – durch Folter und politische Verfolgung, Hunger und Verdummung, durch Ausbeutung und Terror, Verleumdung und seelische Grausamkeit, ob als Umweltverschmutzer oder Verkehrsraudi, als Familienpascha oder ständig mäkelnder Kranker ...

Jeder kann diese Aufzählung leicht ergänzen und mit Empörung Beispiele nennen, wie Menschen anderen Menschen Leib und Seele zertreten, Leben und Lebenslust, direkt oder auf Umwegen, hintenherum zerstören. Und wohl jeder muß – oft erschrocken – feststellen, daß er bei solchen Beispielen nicht nur Opfer, sondern oft genug auch Täter ist. Wie leicht passiert uns das!

Ich bin hintergangen, gekränkt, betrogen, hintangestellt worden, und meine verletzten Gefühle sinnen auf Rache. „Das kriegt er wieder!" tobt es dann in mir, und ich bilde mir ein, Verletzung würde durch

Verletzung geheilt. Bei Gelegenheit gebe ich die Gemeinheit zurück und füge möglichst noch eine weitere hinzu. Ich will den anderen klein, erbärmlich, am Boden erleben; ja, am besten wäre er tot, wünsche ich mir sogar in meiner Wut, dann würde mir so etwas nicht wieder passieren. Doch ich kann diesen „Wunsch" nicht umsetzen und beschränke mich darum darauf, nicht mehr mit ihm zu reden, ihn nicht mehr zu grüßen. Zu mehr habe ich, denke ich mir dabei, leider keine Macht; aber wenn schon nicht ganz und für alle, so ist er doch wenigstens für mich „gestorben". Ich schließe ihn aus meinem Leben aus und habe meine Ruhe.

Wirklich? Habe ich mich nicht tatsächlich nur oberflächlich beruhigt? Ich habe dem Kollegen von mir aus einen „reingewürgt", habe es der Nachbarin zurückgegeben. Aber ich habe auch einen Kollegen weniger und eine Nachbarin verloren. Ich habe einen Bruder „sterben" lassen und, statt meine Verletzung wirklich zu heilen, mein Leben selbst noch mehr eingeschränkt.

Wenn ich den eigenen, zerstörerischen Antrieben nachgebe, schütze ich mich vielleicht selbst. Aber immer verneige ich mich damit auch vor der Macht, die Gewalt und (Todes-)Angst bedeutet.

Wenn ich mich jedoch vor diesen Mächten verbeuge, so liefere ich mich ihnen auch aus.

Es gibt den schlimmen Genuß der Rache, hinter der das Gefühl steht: Ich habe nichts vom Leben! Mir ist ohnehin nur die Schattenseite der Welt vergönnt! Mich will keiner, und darum gebe ich gern alle Widerwärtigkeiten und alles Tödliche, das ich erlebe, mit Befriedigung zurück. Ich „bestärke" mich, indem ich mein mieses Lebens- und Menschenbild bestärke. Ich bilde mir ein: Glück ist ohnehin für mich nur ein Fremdwort! Und das ist eine furchtbare Einbildung. Es gibt dann nur eins: Sie erkennen und ausschalten. „Du sollst nicht töten" gilt als Gebot an mich auch mir selbst gegenüber: Du sollst dich auch selber nicht töten, mißachten oder auf immer neue Weise unglücklich machen.

Wut, Haß, Rachedurst oder Eifersucht – all diese negativen Gefühle bergen in sich einen Zwiespalt, führen in innerem Gespräch zu der Frage: Wem traue ich mehr – dem Tod oder dem Leben? Auf wessen Seite schlage ich mich? Wem glaube ich, wem vertraue ich mich an? „Du sollst nicht töten!" – Das kann ein bloßer Seufzer sein beim Zuschlagen der Zeitung; das kann gespielte Entrüstung sein über Frauen, die abtreiben lassen, geschickt beim Kaffeeklatsch oder am Stammtisch in die Debatte geworfen. „Du sollst nicht töten!" – Das kann man im Religionsunterricht oder sonst in der Kirche hören, und es bleiben leere Worte, mit denen nur eine falsche Überheblichkeit bemäntelt wird. Lebensfördernde Kräfte entfaltet das Gebot in mir erst dann, wenn ich in mich selbst hineinhorche und mich für Gottes Stimme entscheide, die mir sagt: Ich habe dich als mein Abbild geschaffen, es ist gut, daß du da bist (Gen 1, 31). Steh auf und lebe (Lk 7, 14; 8, 54). „Töte nicht!" Das sagen mir dann auch meine guten Erfahrungen, die freundlichen und warmen Töne meiner Gefühle: „Töte nicht, auch nicht nur ein wenig, auch nicht verborgen in dir, du zerstörst sonst dein eigenes Leben, und du sollst doch leben!" Das 5. Gebot gründet schließlich auf der Einladung zum Leben, für das Gott Israel aus der Sklaverei befreit hat und in das er uns jeden Morgen neu einlädt.

Lebensangst aber ist für viele ein Grund, dieses Gebot zu mißachten. Ich sehe zum Beispiel einen Schwerkranken oder einen Schwerstbehinderten und sage: „Der Ärmste, was für ein Leben! Für ihn wäre es doch besser, er wäre tot." Dann gehe ich schnell weiter in meine kleine, saubere, abgeschlossene Etagenwohnung und lebe mein kleines, sauberes, abgeschlossenes Etagenleben, in dem kein Kranker, kein Behinderter und kein Sterbender vorkommt – außer natürlich in den Skandalgeschichten der Zeitung auf dem Couchtisch, über die ich mich empöre. Je mehr ich jede Berührung mit den Leidenden vermeide, jede Beziehung zu ihnen unmöglich mache, um so unbegrenzter wächst meine Angst vor Krankheit und meine Unfähigkeit, irgendeine Behinderung mitzutragen oder auch nur zu ertragen.

Eher ruft mancher nach Gesetzen, die Behinderte aus seinem Urlaubshotel verweisen und die es erlauben sollen, Schwerstkranke „human", also angeblich menschlich, zu töten. Da besucht ein Sohn seine sterbende Mutter nicht, weil er sie nicht leiden sehen kann; aber natürlich setzt er sich für sie ein, indem er seine Schwester kritisiert, die ihm die Pflege der Mutter nicht gut genug macht ...

In gleicher Weise kann ich mit Hunger und Krankheit auf der Erde umgehen. Ich schiebe den Millionen Verelendeter die Schuld zu, indem ich einfach sage: „Die sollen mal arbeiten; sie sollen weniger Kinder kriegen!" So schaffe ich mir das

Problem vom Hals und schütze mich vor der Erkenntnis, daß es vielfältige Ursachen für Hunger und Krankheit solch riesiger Menschenmassen gibt und daß vielleicht das preisgünstige Schnitzel auf meinem Teller oder der als Schnäppchen erstandene Teppich in direktem Zusammenhang stehen mit dem Hunger und dem frühen Tod tausender Kinder. Daß ich Nutznießer von menschenmörderischen Verhältnissen bin, ist halt eine unbequeme, schlimme Einsicht.

Ich kann nicht den Tod aller Menschen, die hungern, verhindern; ich kann nicht alles Leid der Welt abschaffen. Aber ich kann meine Ängstlichkeit und meine Engherzigkeit verlassen und mich in den Dienst des Lebens stellen. So kann ich Kranke in der Nachbarschaft besuchen, mich für die besondere Situation eines Behinderten interessieren, Sterbenden und Trauernden beistehen, einen Toten waschen oder ein Stück meiner Lebens- und Ernährungsgewohnheiten ändern, um im Rahmen meiner Möglichkeiten gegen Menschenschinder und Tierquäler zu protestieren.

Wenn ich mich ändere, etwas bewirken will aus Empörung über so viel Leid, das Menschen Menschen antun, berufe ich mich auf das 5. Gebot. Wenn ich es im

Vertrauen auf die Macht des lebenschaffenden Gottes tue – und nur so werde ich es auf Dauer wirklich tun können –, dann erfahre ich: Mein Leben wird zwar, vordergründig gesehen, nicht leichter, aber es wird lebendiger. Wenn ich Anteil nehme am Schicksal anderer Menschen, werde ich immer mit ihnen leiden, aber ich werde auch mehr Lebensfülle finden.

Wenn ich mich jedoch vor all dem verschließe, merke ich, daß ich mir selbst meine Lebenserfüllung nehme und mich zu einem Teil „töte". Ich mache die Lebenserfahrung Jesu, die er in dem Satz formuliert, der vermeintlich widersprüchlich klingt (Lk 17, 33): „Wer sein Leben zu bewahren sucht, wird es verlieren; wer es dagegen verliert, wird es gewinnen."

DAS SECHSTE GEBOT

Lieben, achten und ehren

Du sollst nicht die Ehe brechen.
(Exodus 20, 14)

Ach, Susanne, ich bin so unglücklich, ich weiß nicht, wie ich noch weiterleben soll: der Stefan hat eine Geliebte! Ich werde ihn nie mehr lieben können, er hat unsere Ehe zerbrochen, meine Liebe verraten. Wir sind doch ein Leib! Wie konnte er nur? Es ist alles aus." Ja, ihr Mann hat die Ehe gebrochen, wie seine Frau ihrer Freundin klagt. Bei der Eheschließung hat er vor Gott versprochen, seiner Marion die Treue zu halten; durch die Eheschließung sind die Eheleute ein Leib – ein Leben. Die Treue als eine die Gemeinschaft erhaltende Tugend zu betrachten, sind wir heutzutage leicht geneigt zu vergessen; in manchen Medien werden oft genug andere „Ideale" wie Lust und Abenteuer „gefragt".

Dabei ist die Treue zu einem Partner in gleicher Wichtigkeit auch die Treue zu mir selbst: zu meiner einmal gefaßten Lebensvorstellung und Lebensverwirklichung, zu meinen Gefühlen. Indem ich den Partner verlasse, gebe ich ein Stück meiner selbst auf. Wenn ich aber immer wieder neu zu meiner Entscheidung stehe, um deren Erhalt ringe, gebe ich mir selbst innere Festigkeit und Ziel. Dann geben beide Partner ihren Kindern Vertrauen in die Zukunft, lebendige Hoffnung und, weiter noch, stehen die Partner als Stütze und Halt, ja als Bild und Symbol für Liebe und gottgewollte Einheit für alle „Nächsten".

Immer wieder malen Altes und Neues Testament Bilder von Ehe und ehelicher Treue als Vergleich für Gottes Liebe zu uns Menschen, zu seiner Kirche. Darum heißt das 6. Gebot: „Du sollst nicht die Ehe brechen." (Ex 20, 14) Wenn da einer ausbricht, eigene Wege geht, den anderen allein läßt, reißt er tiefe, oft unheilbare Wunden. Doch das heißt überhaupt nicht, daß ein Neubeginn nicht möglich wäre! Es wäre des Menschen und seiner Fähigkeit zu einer tiefen und vielseitigen Beziehung nicht würdig, würde er unter Ehebruch nur den sexuellen „Kontakt" mit einer außerehelichen Person, einen „Seitensprung" also, verstehen. Jesus sagt das so: „Wer eine Frau auch nur lüstern ansieht, hat in seinem Herzen schon Ehebruch mit ihr begangen." (Mt 5, 28) Dasselbe gilt umgekehrt für die Frau!

Oft sind wir uns eines möglichen „Ehebruchs im Herzen" gar nicht recht bewußt, etwa beim Anblick von Bildern in Illustrierten oder im Fernsehen. Anna zum Beispiel, eine Hausfrau, sieht mit großer innerer Beteiligung die Serie „Der Landarzt". Was ist das doch für ein besonderer Mann, schwärmt sie. Wie unscheinbar und farblos ist dagegen ihr Fritz. Danach, dienstags abends, ist Anna ihrem Mann gegenüber sehr abweisend und gereizt. Ja, sie hat den falschen Mann geheiratet, er ist einfach langweilig und nichtssagend. Anna steigert sich mehr und mehr in eine Traumwelt, sie vergißt ihren Partner. Mit ihrer Traumbrille sieht sie nicht mehr all die kleinen Dinge, um deretwillen sie sich damals in Fritz verliebt und schließlich sogar beschlossen hatte, nur mit Fritz finde auch ich, Anna, meine Lebensverwirklichung. Sie vereitelt jede Annäherung, jedes Verständnis und geht in Gedanken fremd – sie bricht so die Ehe. Weil die Eheleute einander verbunden sind in Leib und Seele, kann die tiefe Zerstörung der ehelichen Gemeinschaft auch stattfinden durch eine seelische oder geistige Entfernung der Eheleute voneinander. Jeder kennt wohl solche Beispiele wie bei Holger und Olga: Holger hat sich nach der Hochzeit weitergebildet. Olga war mit den Kindern mehr als ausgelastet, besonders da sie wegen Holgers Studium noch arbeiten mußte, damit sie überhaupt finanziell über die Runden kamen. Es blieb einfach keine Zeit für sie, für eine „geistige" Betätigung. Holger empfindet es jetzt als schmerzlich und beschämend, wie angeblich ungebildet seine Frau ist. Mehr und mehr findet er Aussprache und Anregung bei seiner Kollegin, die in der gleichen Sparte arbeitet wie er. Olga erkundigt sich zwar oft nach seiner Tätigkeit, aber er geht davon aus, daß sie ja doch nichts davon verstehen kann. Oft beklagt sie sich dann, daß sie so gar keine Gemeinsamkeiten mehr hätten. Dabei ist Holger doch nach wie vor gerne zärtlich mit ihr.

Natürlich ist es richtig, daß Olga ihren Mann beim Studium unterstützt hat. Holger hätte aber auch Olga helfen müssen oder müßte es jetzt, da er sein Studium beendet hat, daß beide zu einer geistigen Ebene finden können. Er verfehlt tief den Sinn der Ehe und ehelichen Verbundenheit, wenn er sozusagen einfach „geistig Abschied nimmt" und Olga „in der Küche stehen läßt", da, wo sie ohne ihn vielleicht gar nicht geblieben wäre.

Bei der Eheschließung hat einer dem anderen versprochen, ihn nicht allein zu lassen, er hat sich für den anderen verantwortlich gemacht, für dessen mögliches Glück und dessen Lebenserfüllung. Selbstverständlich sind zu jedes Menschen Lebenserfüllung persönliche Freiräume notwendig, solange diese eigenen Bereiche die Einheit nicht stören, den Partner nicht entfremden oder ihn von eigener Beglückung ausschließen. Das gilt für Mann wie Frau.

Thorsten hat großen Erfolg im Beruf. Alles läuft wie nach Wunsch. Natürlich kostet das Einsatz. Zeit, Zeit, Zeit und Energie ... aber dafür ist er ja auch wer. Wirklich, Waltraud kann stolz auf ihn sein. Sie kann sich jeden Wunsch erfüllen. Warum ist sie nur immer so unzufrieden, jammert und klagt sie? Waltraud: „Ich bin so allein, so leer, so ungeliebt. Was nützen mir all die schönen Dinge, ich kann sie mit Thorsten nicht teilen. Warum soll ich mich schön machen? Er sieht es nicht einmal. Nein, wirklich, bevor ich verheiratet war, da wußte ich, wo ich hingehöre. Da war das Leben noch sinnvoll. Aber jetzt? Eigentlich leben wir gar nicht wie ein Ehepaar – ja, unsere Ehe ist zerbrochen!" Damals, am Traualtar, hat Thorsten versprochen: „Ich will dich lieben, achten und ehren" – er hat nicht gesagt: „Ich will dich auszahlen!" Thorsten hat sein Versprechen gebrochen.

Mitschuldig an Ehekrisen oder am Ehebruch können auch „Außenstehende" sein: „Sag mal, Lena, ist dein Mann immer noch nicht befördert worden? Er ist doch ein Versager!" Solche Sticheleien muß Lena sich jedesmal anhören, wenn sie ihre Eltern besucht. Lena liebt Thomas. Es stimmt, Thomas ist nicht ehrgeizig, und er verdient auch nicht gerade viel; aber Lena hat das immer gewußt. Jedesmal jedoch, wenn sie von den Eltern nach Hause kommt, ist sie gereizt und unzufrieden – und sie fängt mit Thomas Krach an. Die Ehe ist eingebettet in ein Gefüge von Beziehungen bei Freunden und Verwandten. In dem Sinne unterstützen und tragen diese die Verbindung mit – und sie sind mitverantwortlich. Das meint die Kirche, wenn sie sagt, die Ehe müsse vor der kirchlichen Gemeinschaft geschlossen werden.

Gott heiligt jede Ehe als Abbild seiner Liebesgemeinschaft zu uns Menschen. Kein Mensch hat das Recht, sich so zu verhalten, daß die eheliche Beziehung verletzt und gestört wird! – Jürgen liebt es, seinem Freund haarklein seine Liebesabenteuer zu schildern. Er findet Zärtlichkeit, Schamhaftigkeit und Treue unmännlich, will mit seinen Reden über Leidenschaften und Ausschweifungen vor seinem Freund seine Männlichkeit beweisen. Jürgens Schilderungen machen Oliver unsicher; er wagt es allerdings nicht, sich diese takt- und schamlosen Reden zu verbitten, um nicht vor seinem Freund als „unmännlich" zu erscheinen. Die Gespräche regen ihn auf, sie machen ihn unzufrieden, zuweilen auch unzufrieden mit seiner Frau Inge. Oft, wenn er mit Jürgen zusammen war, haben Oliver und Inge Krach. Oliver denkt immer häufiger daran, es doch einmal mit einer anderen Frau zu „probieren". – Jürgen verleitet also Oliver, die Ehe zu brechen.

Verantwortungslos verhält sich da auch Susanne aus unserem ersten „Fall", als ihre Freundin Marion ihr später erzählt: „Stell dir nur vor, oh, ich hätte nie geglaubt, daß das möglich ist! Ich dachte ja damals wirklich, es sei alles aus, für ewig. Aber ich liebe den Stefan wieder, ich glaube sogar, ich liebe ihn noch mehr. Ich verstehe ja, wie das alles so gekommen war ..." Susanne hetzt: „Wie kannst du nur? Hast du denn gar keinen Stolz? Wie kannst du nur diesem gemeinen, treulosen Kerl vergeben ..."

Marion und Stefan aber haben erkannt: Die Ehe ist mehr als ein kurzes, sorgloses Verliebtsein, sie ist auch immer wieder ein gemeinsames Ringen, eben um diese Liebe. Sie haben das Eheversprechen mit Leben gefüllt: „Ich verspreche dir die Treue in guten und bösen Tagen, in Gesundheit und Krankheit ..."

Die „Krankheit" in einer Ehe kann vielerlei Gesichter haben! Weil wir aber eine Einheit von Leib und Seele sind, haben wir auch in vielfältiger Weise die Möglichkeit, aus einem „Scherbenhaufen" einer zerbrochenen Ehe wieder ein Gefäß zu formen, gemeinsam, trotz großen Versagens und trotz der Schuld. Gemeinsam vor Gott und mit der Gewißheit von seiner Nähe und seinem Beistand. Denn Er ist ein treuer Gott!

DIE ZEHN GEBOTE:

Ich bin der Herr, dein Gott.
1. Du sollst keine anderen Götter neben mir haben!
2. Du sollst den Namen Gottes nicht verunehren!
3. Gedenke, daß du den Sabbat heiligst!
4. Du sollst Vater und Mutter ehren!
5. Du sollst nicht töten!
6. Du sollst nicht ehebrechen!
7. Du sollst nicht stehlen!
8. Du sollst kein falsches Zeugnis geben wider deinen Nächsten!
9. Du sollst nicht begehren deines Nächsten Frau!
10. Du sollst nicht begehren deines Nächsten Hab und Gut!

Aus dem Gotteslob Seite 118–120

DAS SIEBTE GEBOT

Wer stiehlt, verliert

Du sollst nicht stehlen.   *(Exodus 20, 15)*

Was bewegt mich, wenn ich nach dem Schwimmbadbesuch auf ein ungesichertes Fahrrad der Topklasse steige und, obwohl es mir nicht gehört, damit davonfahre? Warum tue ich so etwas? Es ist eine so gute Gelegenheit, die ich mir nicht entgehen lassen kann! Was ist der Besitzer auch so dumm; außerdem wird er versichert sein! Es gibt ein so schön abenteuerliches Kitzeln im Magen. Ich würde mir ein solches Fahrrad sonst nie leisten. Da habe ich eben ein Schnäppchen gemacht – im wörtlichen Sinne . . .

Nein, solch ein Dieb bin ich nicht? Aber wenn ich mein altes Rad „verliere" und mir ein neues von der Versicherung ersetzen lasse – ist das ein großer Unterschied? Warum tue ich das? „Die hohen Versicherungsbeiträge!" sage ich mir. „Ich will auch mal was davon haben. Ich halte mich auf eigene Faust ein wenig schadlos. Das tun ja heute sowieso alle. Da schade ich auch niemandem persönlich." Die Hausratversicherungen wurden vor einigen Jahren geändert, weil die vielen Fahrraddiebstähle nicht mehr zu finanzieren waren. In jedem Kaufhaus hängen große Warnschilder für mögliche Ladendiebe. Warum stehlen so viele, selbst gutverdienende Erwachsene? Armut ist es in unserem Land in den wenigsten Fällen. Warum lasse ich ein Pfund Kaffee, ein Paar Socken, eine Flasche Parfum „mitgehen", obwohl ich den nötigen Geldschein in der Tasche habe? „Ich schenke mir etwas!" habe ich im Gefühl. „Jeder will was vom anderen haben. Jetzt tue ich mir mal was Gutes!"

Sicher, es ist oft wichtig, sich selbst etwas Gutes anzutun; aber muß das auf Kosten anderer geschehen? Auch wenn ich direkt niemanden persönlich schädige – ich lasse mir meine Annehmlichkeit, meine Schnäppchen über Beitrags- und Preiserhöhungen von allen Kunden bei Geschäften und Versicherungen finanzieren. Das aber sind unter Umständen mein Arbeitskollege, meine jungverheiratete Tochter mit ihrer Familie, die Nachbarn und viele andere mehr.

Vielleicht denke ich auch gar nicht so weit, lasse mich im Augenblick der Tat von einem spontanen Entschluß leiten oder aus mir unbewußten Gründen. Aber denke ich dann wenigstens später, zu einem anderen Zeitpunkt, darüber nach und weiter?

Es gibt auch den ruhig geplanten Diebstahl. „Am Blitzableiter hochklettern kann jeder, und immer mehr tun es auch", berichtet die Kriminalpolizei. Vielleicht verhindern körperliches und handwerkliches Ungeschick bei manchem solchen Zugriff; doch die überlegt und geschickt getarnte Steuerhinterziehung im kleinen wie im großen Umfang ist ein ebenso häufiger Diebstahl. Je unpersönlicher die Interessen der anderen sich darstellen, um so geringfügiger erscheint uns ihre Mißachtung. Wir erwarten alle ein hohes Maß an staatlicher Leistung, aber glauben uns auch oft erschreckend leicht im Recht, die Gemeinschaft der Bürger um unseren Beitrag zu prellen. Da gilt: Nur nicht erwischen lassen!

Wir richten dabei nicht nur finanziellen Schaden an, sondern zerstören gleichzeitig – und das ist das schlimmere Übel – Gemeinschaftsgefühl und Verantwortungsbewußtsein den notwendigen staatlichen Aufgaben gegenüber. Ob wir für die eine Partei, unseren Verein oder die eigene Tasche betrügen, spielt dabei keine Rolle. Das Gebot „Du sollst nicht stehlen!" (Ex 20, 15; Dtn 5, 19) will darum nicht nur das Eigentum schützen, es will auch Wegweiser zum Leben für den sein, der stiehlt oder in die Versuchung dazu kommt.

Das abenteuerliche Schnäppchen verlockt mich. Die Gelegenheit, mich schadlos zu halten, entstammt meinen Neidgefühlen. „Soll ich immer der Dumme sein?" sage ich mir. Ich habe Angst, das

Leben zu verpassen. Ich bin voller Gier, es den anderen, die meiner Meinung nach erfolgreicher, gewitzter sind, gleich zu tun. Ich „schenke" mir was, lasse eine Kleinigkeit „mitgehen". Ich raffe und schrappe in der Vorstellung: Niemand schenkt dir im Leben etwas, du mußt schon selbst für dich sorgen.

Und was erreiche ich damit? Der Neid, der mich mißgünstig auf das Leben meines Kollegen schielen läßt, wächst. Die Angst, mein Leben zu verpassen, mit anderen nicht mithalten zu können, bohrt weiter. Das Mißtrauen, daß mich die anderen in ähnlicher Weise ausnehmen und bestehlen, wie ich es bei ihnen zu tun versucht bin, frißt meine Seele. Lebensqual stellt sich ein.

Doch da rührt mich der väterliche Gott, der mich ins Leben ruft, an und sagt mir mit mütterlicher Zuneigung: Du sollst nicht stehlen, denn du sollst leben! Ich rufe dich zum Leben. Ich beschenke dich mit tausend Möglichkeiten zu leben, und ich will, daß du das Leben in seiner ganzen Fülle genießt. Darum richte dich nicht nach den Einflüsterungen deiner Angst, höre nicht auf dein Mißtrauen, sondern wage es, mir und dem Leben zu trauen. Nimm dankbar, was du hast, und nutze es zum Leben. Halte nicht ängstlich fest, raffe nicht voller Neid und bereichere dich nicht unrechtmäßig.

Im Neuen Testament fordert Jesus sogar dazu auf, nicht nur nicht zu stehlen, sondern das, was man hat, auch noch zu verschenken. Alles, was wir über den Lebensstil Jesu und derer, die ihm nachfolgen, hören und an seinem Leben ablesen können, ist die positive Fortführung des Gebotes: „Du sollst nicht stehlen!" Jesus führt uns zu einem Leben, in dem wir unserem Nächsten an unserem Besitz, unserer Zeit, unserem ganzen Leben Anteil geben, in dem wir davon großzügig austeilen – und um so mehr dabei gewinnen, als wir scheinbar zunächst verlieren.

Mit Diebstahl, Raffgier, Neid, Mißgunst und wozu sonst noch unsere Lebensangst uns verführt, stehle ich mich aus dem Leben weg. Seien es die 10 Mark, die die Kassiererin mir irrtümlich zuviel zurückgibt und die ich behalte; seien es Versicherungsbetrug und Steuerhinterziehung – immer, wenn ich anfange, betrügerisch auf Kosten anderer zu leben, täusche ich mich über mich selbst, meine Grenzen und Fähigkeiten, belüge ich mich mit Illusionen, statt meine wirklichen Fähigkeiten und Möglichkeiten zu sehen und zum Leben zu nutzen.

Wenn ich mich teurer Mode unterwerfe

und meine, nur nach dem letzten Schick gekleidet sei ich angesehen und unter meinen Bekannten willkommen, so halte ich mich damit möglicherweise zum Warenhausdiebstahl bereit und stehle mir damit mein besseres Ich. Ein einfacher Kleidungsstil würde mich zu einer besseren Freundin, einem ausgeglicheneren Zuhörer machen. Ein selbstbewußter Umgang mit mir selbst, ein klares Wort an meine Freunde und Kollegen, was ich mir als Freundschaft wünsche und von Zusammenarbeit erwarte, bringt mir mehr Selbstzufriedenheit als immer aufwendigere und häufigere Reisen und ein Lebensstil, der mir ständig Betrügereien nahelegt.

Wenn ich unrechtmäßig auf Kosten anderer lebe, bestehle ich sie. Das aber geschieht nicht nur, wenn ich ihnen direkt und persönlich ihr Eigentum fortnehme.

In Südamerika beispielsweise werden riesige Urwaldflächen abgebrannt, um Weideflächen für Rinder zu gewinnen. Damit wird den dort seit Urzeiten lebenden und jagenden Indianervölkern die Lebensgrundlage gestohlen. Im gemütlichen Freundeskreis im argentinischen Steakhaus hierzulande schmeckt man es dem Fleisch nicht an, daß es nur durch einen riesigen Diebstahl und damit verbundenes Völkermorden uns so billig auf den Teller gelegt werden kann.

Banken und Wirtschaftsunternehmen unseres Landes tätigen über ihre Niederlassungen in der Republik Südafrika große Geschäfte. Sie – und damit indirekt auch wir – ziehen ihre Gewinne unter anderem aus dem geringen Arbeitslohn und den billigen Nebenkosten für die schwarzen Arbeiter. Diese Menschen stellen die überwiegende Mehrheit Südafrikas dar und werden durch eine rassistische, menschenmörderische Regierung unterdrückt und auf diese Weise preisgünstig zur Verfügung gehalten.

Ich bestehle zwar niemanden in Südafrika persönlich, aber ich bin eingebunden in Lebenszusammenhänge mit Südafrika und anderen Ländern, in denen Volksgruppen oder sogar ganze Völker ihres Bodens, ihrer Heimat, ihrer Gesundheit, ihrer Freiheit, kurz ihrer Menschenrechte beraubt werden. Ich bin Teilnehmer und indirekt Nutznießer einer sündhaften Ordnung in Politik und Wirtschaft. Ich leide auch unter den Folgen dieser Sünde, und unsere Kinder werden unter den Folgen dieses heute weltweit angelegten Diebstahls noch weit mehr zu leiden haben.

„Du sollst nicht stehlen!" ist also auch

eine Aufforderung Gottes an mich: Öffne die Augen! Informiere dich und erkenne die Hintergründe! Sprich unter deinen Freunden und Bekannten, bei deinen Arbeitskollegen und Parteigenossen immer wieder über diese Zusammenhänge und unsere Verantwortung. Beteilige dich nicht als Hehler an dieser internationalen Räuberei!

DAS ACHTE GEBOT

„Die Zunge ist voll von tödlichem Gift"

Du sollst nicht falsch gegen deinen Nächsten aussagen. *(Exodus 20, 16)*

Viele fürchten sich vor Tratsch! Das muß eine Geißel sein – in der Nachbarschaft, in der Freundschaft, bei allen menschlichen Verbindungen. Sind wir vielleicht so ängstlich, weil wir selbst gern kritische, böse oder auch falsche Behauptungen über unsere Nächsten im Mund führen? Die Antworten, Einwände, Ausreden sind bekannt: „Wir wissen eben aus Erfahrung: Nichts kann man tun, ohne daß die Leute einen argwöhnisch beobachten, bösartig über einen herziehen." Wenn das wirklich unsere Erfahrung ist, kennen wir auch die Folgen: Distanz, Mißtrauen, Einsamkeit.
Nicht ohne Grund mahnt uns Gott im 8. Gebot: „Du sollst nicht falsch gegen deinen Nächsten aussagen" (Ex 20, 16). Und je mehr wir dieses Gebot befolgen können, desto schöner erleben wir die angenehmen Folgen: Befreiung, Nähe, Vertrauen, Liebe, Frieden. Wie schwer das aber sein kann, schildert schon Jakobus; er mahnt seine Gemeinde (Jak 3, 8–10): „Die Zunge kann kein Mensch zähmen, dieses ruhelose Übel, voll von tödlichem Gift. Mit ihr preisen wir den Herrn und Vater, und mit ihr verfluchen wir die Menschen, die als Abbild Gottes erschaffen sind. Aus ein und demselben Mund kommen Segen und Fluch. Meine Brüder, so darf es nicht sein."

Der Mensch „lebt" von der Anerkennung der Mitmenschen einerseits – und von der Hinwendung zu ihnen andererseits. Wie oft aber vermitteln wir ihnen ein falsches Bild von uns selbst, sagen wir falsch von uns selbst aus in der irrigen Annahme, man gelte dann mehr vor den anderen. Und mit der Folge, daß man erst recht untendurch ist, wenn die Lüge oder Aufschneiderei herauskommt. Wenn ich an anderen einen Makel entdecke oder ihn mir einbilde, der meine eigenen Unzulänglichkeiten überdeckt oder übertrifft – wie schnell verbreite ich ihn zur eigenen Selbstaufwertung! Mich selbst im falschen Licht darzustellen und den Nächsten zu verleugnen, mag mir im Moment einen Vorteil bringen. Aber welchen Preis zahle ich! Ich lade Schuld auf mich, Schuld, unter der ich letztlich am meisten leide. Ich schade anderen, zerstöre meine Vertrauenswürdigkeit, schaffe Mißtrauen, Zweifel, Feindschaft mir selbst gegenüber und gegenüber meinen Mitmenschen.

Es geht also bei der Beachtung des 8. Gebots nicht allein um den Schutz der anderen, sondern auch um mich selbst, um mein Glück, um die Voraussetzung zu Freundschaft, Vertrauen und Liebe!

Wenn ich jemanden nicht leiden mag, so passiert es sehr leicht, daß ich alles, was er sagt und tut, falsch verstehe, falsch verstehen will und dann auch falsch weitergebe. Das muß nicht sein, wenn ich ehrlich vor mir selbst meine negativen Gefühle zugebe, ich brauche dann nicht „so zu tun als ob". Einen anderen Menschen richtig verstehen, schafft positives Empfinden und mehr Nähe.

Manch einer mag denken: „Falsch aussagen, das gilt doch nur vor Gericht. Und jetzt das Ganze am harmlosen, wenn auch nicht gerade schönen Tratschen aufzuhängen, das ist doch übertrieben!" Und doch: Was der Mensch erlebt und sieht von anderen und über andere, wertet er aus seiner persönlichen Situation, das hängt ab von seinen damit verbundenen Empfindungen. Die eigene Einschätzung indes ist dann falsch, wenn die Wirklichkeit des Beobachteten falsch verstanden und weitergegeben wird. Sie ist – falsche Aussage. Wir alle kennen genügend Beispiele, vielleicht von uns selbst?

Da ist etwa Erna, die gerade erfahren hat, daß ihr Mann in der Kur eine Liebschaft hatte. In der Stadt sieht sie nun einen Nachbarn mit einer ihr fremden Frau. Und schon denkt und erzählt sie: „Der geht fremd." Oder Linda; sie hat abends einen Film über Kindermißhandlungen gesehen. Am nächsten Morgen beobachtet sie den Jungen einer Familie, von der sie eh eine schlechte Meinung hat; er trägt eine dicke Schramme im Gesicht. Linda erzählt: „Die mißhandeln ihren Jungen." Fällt Ihnen Ähnliches ein?

Ein vermeintlich harmloses Wort kann Leben zerstören. Ebenso kann Schweigen an unpassender Stelle die gleiche verleumderische Wirkung haben. Vor allem aus einer Gruppe heraus einzelne Menschen verfolgen, mit böser Nachrede abstempeln, isolieren, kann für sie tödliche Einsamkeit zur Folge haben. Einsam leben inmitten von anderen Menschen, von diesen verachtet und nicht angenommen werden – das ist fürchterlich. Ist es wirklich das, was wir mit einem Verstoß gegen das 8. Gebot beabsichtigen?

Wie wir unseren Alltag leben, unsere Beziehungen zu unseren Mitmenschen pflegen, so schaffen wir die Voraussetzungen für die große und kleine Politik. Böse Vorverurteilungen wie „Neger sind faul und stinken" oder „Die Grünen sind alle unrealistische Chaoten" sind nichts anderes als Beispiele von schlimmem Tratsch. Aus Angst vor dem, was uns vielleicht fremd ist, weil wir nicht wissen, wie wir damit leben, umgehen sollen, wehren wir es ab. Und die „beste" und immer schon „bewährte" Methode ist, Fremdes, anderes schlechtzumachen. Was angeblich schlecht ist, darauf muß ich mich, darf ich mich ja nicht einlassen ... Aus Angst, Unwissenheit, Bequemlichkeit, Engstirnigkeit bauen wir Feindbilder auf – damit bei uns, in uns alles bleiben kann, wie es ist.

Ein Beispiel, wie es leider nur zu häufig vorkommt: Max will in seinem Urlaub in der Pension nicht mit einem behinderten Herrn am Tisch sitzen. Der Anblick der Behinderung macht ihn verlegen; er weiß nicht, wie er sich da benehmen soll. Zudem schämte er sich vor den anderen Leuten, wenn er sich mit dem Herrn befassen sollte. So fällt ihm die Ausrede ein: „Behinderte dieser Art gelten allgemein als hinterlistig, launisch und aufdringlich." Weil Max erholungsbedürftig ist, kann – besser: will – er sich doch nicht mit solchen Problemen befassen; er bittet um einen anderen Tisch. Um sich aber anders, und zwar richtig, verhalten zu können, müßte Max selbständig, selbstbewußt, richtig informiert und liebevoll sein.

Unbekanntem gegenüber verhalten wir uns oft wie dieser Max, allerdings ist uns das längst nicht mehr bewußt. Die gesamte Mitwelt hat genügend Vorurteile und Feindbilder geliefert, mit denen wir unse-

re Angst vor eigener Veränderung und Emanzipation entschuldigen könnten.
Solange ich etwa bei meiner immer wieder vor mir selbst bestätigten und von außen verstärkten Meinung bleibe, die Menschen in der sogenannten Dritten Welt seien dumm, faul, bildungsunwillig, dreckig und primitiv – so lange scheint es mir auch richtig, daß wir über sie verfügen, daß wir die dortigen Geld-, Macht- und Wirtschaftsverhältnisse regeln. Und dabei kann ich mir noch selbst einreden, diese Menschen hätten nur durch uns Arbeit; sie seien selber schuld, wenn ihre vielen ungeplanten Kinder verhungern – sie bräuchten sie nicht in die Welt zu setzen, wenn sie nichts zu essen haben.
Gewiß, nicht alle denken so. Aber allzu oft verleugnen wir Gottes Liebe und unsere Mitverantwortung für unsere Brüder und Schwestern – durch falsche Aussagen!
Ausländische Mitbürger, Asylanten, Flüchtlinge – wie schnell tun wir deren Probleme und Fragestellungen so ab: „Die wollen sich ja nur bei uns bereichern!" Gleichzeitig allerdings „bauen wir uns auf" – bei Filmen und Romanen über Menschen, Pioniere, die sich in der Fremde auf oft abenteuerliche Weise eine wirtschaftliche Existenz geschaffen haben. Solche Schil-

derungen legen uns nahe, die Reichtümer seien damals ohne Besitzer und Gesetze frei zu jedermanns Verfügung gewesen. War das wirklich so? Wenn wir nicht lernen, die Geschichte im richtigen Licht zu sehen und einzuordnen, bleibt unsere Kritik, unser Zorn gegen alle „Fremden", die bei uns ein besseres Leben verwirklichen wollen, böse Verleumdung, Verzerrung der Wahrheit, Verleugnung unserer gemeinsamen Gottebenbildlichkeit, die uns vor Gott gleich wert und gleich geliebt macht.

Wie wir statt dessen an einer heilen Welt mitwirken können, hat uns Jesus gezeigt, der uns von Gott, unserem Vater, als dem, der uns liebt, der unser Glück will, erzählt hat; von dem Vater, der uns gemahnt hat, nichts Falsches über unseren Nächsten zu sagen.

Den Nächsten, jeden Nächsten, liebevoll anzunehmen oder zumindest zu tolerieren – dazu gehört nicht nur, keine falschen Aussagen über ihn zu machen, sondern mehr noch, die üble Aussage, die wir meinen machen zu können, nicht zu machen. Das wäre ein erster Schritt.

Das Neunte und Zehnte Gebot

Aus Neid erwächst Leid

Du sollst nicht nach dem Haus deines Nächsten verlangen. Du sollst nicht nach der Frau deines Nächsten verlangen, nach seinem Sklaven oder seiner Sklavin, seinem Rind oder seinem Esel oder nach irgend etwas, das deinem Nächsten gehört. *(Exodus, 20, 17)*

In so mancher Stadt gibt es noch schöne alte, vom Krieg verschont gebliebene Gebäude; weil die Renovierung zu teuer wäre, werden sie häufig an arme und alte Leute billig vermietet. Raffinierte Spekulanten kaufen diese Häuser, lassen sie abreißen und nutzen die wertvollen Grundstücke dann zum Bau von Industrieanlagen oder Hochhäusern. Geld wächst daraus, und viel Elend erwächst daraus für die ehemaligen Bewohner. Doch jegliche menschliche Mitverantwortung wird in der Geldgier vergessen. Ähnlich wird hier und anderswo Land gehandelt; die einen werden verdrängt, betrogen, die anderen sacken ein. Haben wir nicht genau so, auch das muß gesagt werden, jahrhundertelang die Kolonialherrschaft genutzt?

Selbst in unserem privaten Umfeld bestimmt das ständige Schielen auf Hab und Gut, ja auf die gesamte Existenz unserer Mitmenschen, unserer Nächsten, oft genug unser Handeln – und entfremdet uns selbst. Hans K. zum Beispiel könnte seinem Freund und Nachbarn in dessen finanzieller Krise wohl helfen; aber er nutzt die „günstige" Gelegenheit aus, das schon lang ersehnte Anwesen für sich selbst zu kaufen. Die Freundschaft allerdings zerbricht daran.

„Du sollst nicht nach dem Haus deines Nächsten verlangen. Du sollst nicht nach der Frau deines Nächsten verlangen, nach seinem Sklaven oder seiner Sklavin, seinem Rind oder seinem Esel oder nach irgend etwas, das deinem Nächsten gehört." So heißt es im Neunten und Zehnten Gebot (Ex 20, 17). Wie umfassend hier der Begriff Haus zu verstehen ist, geht aus der genauen Aufzählung hervor: Es ist damit der ganzen Stamm, die ganze Sippe, mit allem Lebendigen und allem Besitz, die Existenz des anderen, des Nächsten insgesamt angesprochen. So heißt „nach des Nächsten Haus verlangen" nichts anderes, als ihm seine Existenz zu neiden, danach zu trachten, sie zur eigenen zu gewinnen – und dadurch die eigene Existenz geringzuachten.

Gott rüttelt mich auf: „Deines Nächsten Haus – das ist nicht dein Leben!" Der Herr, unser Schöpfer, liebt uns, und wie jeder Liebende wünscht er uns das Beste und zeigt uns den Weg, das Beste für uns zu finden. Nur zu oft indes ignorieren wir diesen Weg.

Da neidet Helene ihrer Freundin Martha das Leben im Dorf, den kleinen Garten mit Gemüse und Blumen. Selber kann sie es sich nicht leisten, sie muß in der Stadt arbeiten, aber der Neid zerfrißt allmählich die Freundschaft. Dabei haßt Helene Gartenarbeit und die menschliche Nähe der Bewohner in einem Dorf ist ihr unerträglich; aber daran kann sie nicht denken. Umgekehrt würde Martha gerne in der Stadt wohnen und arbeiten, so frei, so anonym, so viele Möglichkeiten für Unternehmungen. Martha aber liebt die Geborgenheit der nachbarschaftlichen Teilnahme und sie wäre in der Stadt verloren; daran kann sie aber in ihrem Neid nicht denken und so zerstört ihr Verlangen ihre positiven Möglichkeiten.

Luisa dagegen gehört zu den begnadeten Menschen, die aus jeder Lebenssituation, auch der miesesten, Positives erkennen und anderen darstellen können. Sie baut ihr „Haus" mit ihren ganz persönlichen Fähigkeiten, versucht, sich selbst, auch ihre Begrenztheiten, zu erkennen und danach ihr Leben zu gestalten. Ihr Mann versteht das nicht, übersieht auch, daß sie oft kämpfen muß. Er bemerkt nur neidvoll das Ergebnis: „So gut wie Luisa möchte ich es auch einmal haben. Ihr gelingt ja einfach alles!" Weil er nicht nachvollziehen kann, will, daß Luisa sich vertrauensvoll in Gottes Hand fallen läßt, bringt er Mißgunst und Zwietracht in die Ehe.

Ähnlich wie Klaus sehen viele Menschen ihre Nächsten nur neidvoll, ohne deren

Lebensumstände zu berücksichtigen und ohne ihre eigenen Möglichkeiten zu kennen und zu nutzen, um sich nicht selber fremd zu werden. So schicken manche Eltern ihre Kinder aufs Gymnasium, lassen sie studieren, um nicht hinter anderen zurückzustehen, weil es ja „zum guten Ton" gehört; ob dieser Ausbildungsweg wirklich der beste für ihre Kinder ist, bedenken sie dabei nicht. Als Maßstab zählt allein, was andere tun; man möchte ja nicht hinter anderen zurückstehen ...
Solche Einstellung ist gang und gäbe: Die Nachbarn haben Auto und Zweitwagen, Swimmingpool und Sauna, Stereofernseher und Videogerät. Also „müssen" wir das auch alles haben, ob wir es wirklich brauchen oder nicht. Wir verlangen nach den „Sklaven" unserer Nächsten, leben im Streben danach, dieses vielfältige Verlangen zu erfüllen, und vergessen uns selbst und unsere Nächsten dabei. Wenn der Kollege zweimal im Jahr in den Urlaub fliegt – das können wir doch auch ...
Ob wir so glücklich werden? Wo hetzen wir hin? Was machen wir aus unserer Gottebenbildlichkeit? Wenn uns Krankheit trifft, Unheil oder Tod – gibt es irgend etwas von all dem Erstrebten, was dann noch zählt? Etwa die gute Stelle im

Betrieb, die wir im Ellbogenkrieg errungen haben, oder all die materiellen Dinge? In einem solchen Lebenskampf sind Liebe, Wärme und Nähe auf der Strecke geblieben. Jetzt sitze ich in des Nächsten „Haus" – allein, ein Fremder.

Gott ermuntert uns dazu, das Heil zu suchen und zu verwirklichen, aber nicht in der Existenz, im Wohlstand des Nächsten, sondern im eigenen Weg und Leben. Er will, daß wir heil und glücklich werden; dazu hat er uns seinen Sohn gesandt. Wie oft hat Jesus sich anrühren lassen, nicht vom Wohlstand anderer, sondern von Krankheit und Elend einzelner, und sie geheilt! Auf dem oft schweren Weg der eigenen Lebensverwirklichung geht Gott, das ist seine Einladung, mit uns, so wie er die Israeliten aus Ägypten geführt hat. Gewiß konnten sie sich damals für ihre eigene Lebenserfüllung nichts anderes vorstellen, als „Herren" zu sein wie die Ägypter, eben nach des anderen „Haus" zu verlangen. Doch Gott hat einen anderen Weg gezeigt: der führte zwar zunächst und lange Zeit durch die Wüste, mit allen Anfechtungen, Entbehrungen, Ängsten, aber schließlich doch zum eigenen erfüllten Lebensziel. So wird er auch uns zum Heil führen, mögen auch Leid, Unglück, Kreuz unvermeidlich sein auf dem Weg.

Im Alten Testament werden an anderer Stelle (Deuteronomium 5, 21) das Neunte und Zehnte Gebot in umgekehrter Reihenfolge genannt; zuerst heißt es da: „Du sollst nicht nach der Frau deines Nächsten verlangen." Diese Formulierung wird im Leben und Verständnis der Gläubigen zumeist nur im sexuellen Sinn verstanden. Da ist sicherlich auch etwas dran.

Es gibt leider viele Fälle wie den, daß ein Nachbarn ständig Anlaß zum Streit sucht und findet, obwohl eigentlich kein Grund dafür vorliegt; er hat ein Auge auf die Frau des Hausbesitzers nebenan geworfen. Seine Enttäuschung darüber, daß sie ihn abblitzen ließ, reagiert er mit Streitsucht ab. – Kolleginnen haben sich, ein anderes Beispiel, stets gut vertragen. Nach einem gemeinsamen Abend mit den Ehemännern gibt es jetzt laufend Ärger: Die eine beneidet ihre Kollegin um ihren Mann.

Mit unserem Verlangen und Begehren in jeder Hinsicht arbeitet ganz bewußt und geschickt die Werbung. Um die Erfüllbarkeit unserer Sehnsüchte, darum, ob es uns Glück bringt, geht es dabei nicht. Aber den Menschen bei seinem Trachten packen, das garantiert volle Kassen.

Verlangen – Begehren – das sind gottgegebene Eigenschaften, haben mit Lebenslust und Energie zu tun – und die soll ja nicht

unterdrückt werden. Wichtig ist es deshalb, die eigenen Gefühle und deren Zusammenhänge zu kennen, um entscheiden zu können: Was will ICH? Was will ich zeigen, von mir? Was erwarte ich für mich, für andere?
Eine plötzliche Leidenschaft, der ich mich hingebe, könnte mein Leben zerstören und alles, was mein ist. Meine Gefühle, mein Verlangen, mein Begehren – sie müssen mit meinem Lebensziel vereinbar sein, wenn ich mich nicht selbst verlieren will. Zu wenig wird das bedacht. Das gilt auch für das Ehepaar, zu dessen vermeintlichem Lebensglück nur noch das „eigene" Kind fehlt. Aber dieses Glück stellt sich nicht auf natürliche Weise ein. Die Beiden aber wollen den sich vorgestellten Lebensweg erzwingen durch Inanspruchnahme einer Samenbank oder Leihmutter. Aber haben sie so nicht gerade ihr ganz eigenes Leben verpaßt? Mit dem gekauften Kind ändert sich ja weder die jeweils persönliche Voraussetzung der Beiden noch die Besonderheit der Beziehung, der ja wahrscheinlich gerade in der Kinderlosigkeit ihr ganz persönlicher eigener Lebensweg bestimmt war.
Gott segnet Abram und seine alte Frau Sara mit einem Kind. Er wirkt das un-

möglich Scheinende! Er macht Abrahams Haus „groß" in dem Sohn Isaak – und nicht in dem Sohn Ismael, der von seiner Magd Hagar, der „Leihmutter" sozusagen. Der Herr segnet den Eheleuten auch deren Zusammengehörigkeit und Treue.

Damit wird klar: Im Gebot spricht das Verlangen nach des Nächsten Frau mehr an als nur den sexuellen Gesichtspunkt. Sondern die Frau steht eindeutig für die Zusammengehörigkeit zu dem Mann und zu dessen ganzem „Haus".

Unser eigenes Leben (Haus) als das nur uns bestimmte zu erstreben und zu bauen, das ist unser Weg, zu dem uns Gott ermutigt, uns seine Hilfe und Wegbegleitung zusagt. Nur so können wir selbst, und alle, die mit uns sind, heil sein und werden und unseren Frieden finden.

DAS GRÖSSTE GEBOT: Matthäus 22, 34–40

[34] Als die Pharisäer hörten, daß Jesus die Sadduzäer zum Schweigen gebracht hatte, kamen sie (bei ihm) zusammen. [35] Einer von ihnen, ein Gesetzeslehrer, wollte ihn auf die Probe stellen und fragte ihn: [36] Meister, welches Gebot im Gesetz ist das wichtigste? [37] Er antwortete ihm: Du sollst den Herrn, deinen Gott, lieben mit ganzem Herzen, mit ganzer Seele und mit all deinen Gedanken. [38] Das ist das wichtigste und erste Gebot. [39] Ebenso wichtig ist das zweite: Du sollst deinen Nächsten lieben wie dich selbst. [40] An diesen beiden Geboten hängt das ganze Gesetz samt den Propheten.

DIE WEISUNGEN JESU

Liebe soll mein Herz bewegen

Denkt nicht, ich sei gekommen, um das Gesetz und die Propheten aufzuheben. Ich bin nicht gekommen, um aufzuheben, sondern um zu erfüllen. (Matthäus 5, 17)

Die Zehn Gebote – Wege zum Leben. Neunmal haben wir über diese Sätze im Alten Testament nachgedacht (dabei waren die letzten zwei Gebote zusammengefaßt). Aber haben wir Christen nicht eigentlich einen anderen, neuen Weg zum Leben? „Ich bin der Weg, die Wahrheit und das Leben!" sagt Jesus, der Herr (Joh 14, 6). Was sollen da noch die 10 Gebote aus dem Alten Testament für uns Christen?

Jesus sagt: „Denkt nicht, ich sei gekommen, das Gesetz und die Propheten aufzuheben. Ich bin nicht gekommen, um aufzuheben, sondern um zu erfüllen." (Mt 5, 17) Ein Gebot wirklich erfüllen kann nur, wer, über den Buchstaben hinaus, auch die Absicht dessen kennt, der das Gebot aufgestellt hat.

Es gibt erwachsene Menschen, die sich von ihren Eltern oft noch innerlich, manchmal sogar in aller Offenheit herumkommandieren lassen. Sie meinen, das den Eltern im Gehorsam schuldig zu sein, und sie fühlen sich dabei dem 4. Gebot verpflichtet. Über Jahrhunderte hinweg wurde in der Kirche – und wird oft genug heute noch – unter Berufung auf das 6. Gebot eine Leib und Sinne verachtende Einstellung gelebt und gefordert. Den Menschen in einem so zentralen Bereich behindern und gegen Gottes Willen formen, das schafft tiefe Ängste und seelische Verkrüppelungen. Das 6. Gebot aber verbietet Treulosigkeit – und nicht Sexualität!

In der Kirche sind oft Gebote und Vorschriften den Menschen in einer Art nahegebracht worden und auch heute wird häufig Moral gepredigt in einer Weise, daß Menschen, die das wörtlich und ernst nehmen, ängstlich und unselbständig gemacht und in ihrer lebendigen Entwicklung verbogen und gefesselt werden.

Das alles ist nicht die Absicht Gottes mit den Menschen. „Selig, die ein reines Herz haben, denn sie werden Gott schauen!" (Mt 5, 8) Jesus hat das reine Herz und ungebrochene Vertrauen eines Kindes gehabt und Gottes Willen erkannt. Er kommt vom Herzen des Vaters und bringt uns seinen Willen, und er will, daß wir das Leben in Fülle haben. In seiner Gegenwart werfen Menschen die Lasten ab, die sie zu Boden drücken, fällt es den Blinden wie Schuppen von den Augen, fangen die Verkrüppelten an zu tanzen, kehren die Verbitterten und Hartherzigen um und teilen.

In der Nähe Jesu erfüllt sich die Absicht Gottes, die er auch mit den 10 Geboten verband und bis heute verbindet. Die Menschen sollen von allem, was sie zu Boden drückt, befreit ins Leben treten. Wenn die Freiheit auch oft schwer zu ertragen ist, sie ist die Richtschnur für alle Gebote, auch für alle kirchliche Moral und jede amtliche Vorschrift. Gott will das Herz des Menschen und nicht irgendwelche erpreßten Dienste. Um der Klarheit dieses Evangeliums willen, um die Grunderfahrung offenzuhalten: Gott befreit und er gebietet Freiheit, darum scheut Jesus sich nicht, alle braven „Ordnungshüter" immer wieder zu provozieren.

Jedem ängstlich auf Gehorsam bedachten Erzieher bleibt ja die Luft weg, wenn er hört, was der 12jährige Jesus seinen Eltern antwortet, die ihn drei Tage lang in heller Aufregung und Sorge suchen und ihn dann empört zur Rede stellen: „Wußtet ihr nicht, daß ich in dem sein muß, was meinem Vater gehört?" (Lk 2, 49) Von Ehrfurcht und Achtung vor den Eltern ist hier nichts zu spüren. Jeder zweite Vater von heute hätte den Jungen spätestens bei dieser Antwort übers Knie gelegt. Aber jedem ist sofort klar, was Jesus allein und tief bestimmt: der Wunsch, in der Nähe Gottes zu sein und seinen Willen zu erfassen.

Beim Vater sein, horchen, was sein Wille

ist, und ihm in allem zu Willen sein, ist das Erste und Entscheidende im Leben des Christen. Nicht Familienbande, sondern die Bindung an Gott ist das Erste Gebot und im Zweifelsfall wichtiger als alle anderen Vorschriften und Gebote. „Frage nach dem, was Gott von dir und in deinem Leben will!" Das ist der Kernsatz, den Eltern ihren heranwachsenden Kindern in die Seele legen sollen. Das bedeutet selbstverständlich gleichzeitig, unter Schmerzen Stück für Stück sein Kind freigeben für sein eigenes, vor Gott geführtes Leben.

In der Nähe Gottes gewinnt Jesus auch die Freiheit, gegen die Menschenverachtung derer anzugehen, die nur die Gesetze und ihre Erfüllung sehen und dabei ihren Nächsten mit seiner Not aus den Augen verloren und ihr Herz vor seinem Schicksal verschlossen haben. Für ihn gilt: Gott hat seine Gebote um des lebendigen Menschen willen gegeben und sich nicht Menschen geschaffen, um an ihnen mit seinen Vorschriften den Herrn herauszukehren. Darum übertritt Jesus das 3. Gebot (in seiner damaligen Auslegung) und heilt am Sabbat Kranke. Er bestätigt das Vertrauen der Kranken und protestiert gleichzeitig gegen die Engherzigkeit der Strenggläubigen, die an Gottes Vatergüte nur den

Zeigefinger gelten lassen und damit anderen, aber auch sich selbst, die Luft für einen lebendigen Glauben abschnüren. Auch sie will der Herr zum Leben in seiner ganzen Fülle befreien.

Ich denke manchmal, daß der Herr bei uns eine gewisse kirchenrechtliche Auslegung des 6. Gebots provokativ übergehen würde. Er würde manchen Arzt oder manchen kirchlichen Angestellten, der eine kirchenrechtlich ungültige Ehe schließt, deshalb doch nicht aus dem Dienst der Kirche entlassen. Ihm wäre eher um den einzelnen Menschen und sein Leben bang als um Prinzipien.

Es ist eine große Gefahr, der wir leicht erliegen, daß wir die Gebote zum Deckmantel unserer eigenen ängstlichen Ichsucht und unserer kleingläubigen Mißgunst machen und sie damit gegen Gott kehren. Mit der Forderung „Ehre deine Eltern" verwehren wir unseren Kindern, ihr eigenes Leben zu leben, und behindern sie, ihre eigenen Erfahrungen zu machen. Unter Berufung auf das 6. Gebot halten Ehepartner sich ständig neu Fehler und Schwächen vor und machen sich den anderen über dessen schlechtes Gewissen gefügig. In der politischen Auseinandersetzung um den besseren Weg, Abtreibungen zu verhindern, wird das Gebot

„Du sollst nicht töten!" wie eine Peitsche benutzt: Der politisch anders Denkende wird „Mörder" gerufen, und so wird aus dem Anliegen, Töten zu verhindern, ein übler Machtkampf. Je schwächer wir uns fühlen, desto leichter sind wir versucht, die göttliche Autorität der Gebote für unsere eigenen Interessen zu benutzen und mit ihr den anderen klein und erbärmlich zu machen.

Überhaupt – wenn es um die eigenen Interessen und die Fehler der anderen geht, sind uns die Gebote ein helles Licht der Erkenntnis, und wir können sie leidenschaftlich vertreten. Wenn sie uns jedoch selber angehen, scheinen sie oft alle Leuchtkraft zu verlieren.

Jesus nennt so etwas schlicht und einfach Heuchelei: „Du Heuchler! Zieh zuerst den Balken aus deinem Auge, dann kannst du versuchen, den Splitter aus dem Auge deines Bruders herauszuziehen!" (Mt 7, 5) Und an anderer Stelle empört er sich: „Weh euch, ihr Heuchler...! Ihr laßt das Wichtigste im Gesetz außer acht, Gerechtigkeit, Barmherzigkeit und Treue. Man muß das eine tun, ohne das andere zu lassen!" (Mt 23, 23) Die Erfüllung der Gebote ist ihm nicht gleichgültig, aber er kämpft leidenschaftlich gegen alle lieblose Überheblichkeit.

Es ist bewundernswert, wie auch heute Christen keine Mühe scheuen und sich Sonntag für Sonntag zu Gott und seiner Kirche bekennen. Die Feier der Messe am ersten Tag der Woche ist für sie selbstverständlicher Bestandteil im Tagesablauf. Aber es ist schrecklich zu erleben, wie abschätzig manchmal von den gleichen Christen über die gesprochen wird, die einen solchen Sonntag nicht praktizieren; nicht einmal die Erfahrungen mit den eigenen Kindern, die auch keinen christlichen Sonntag mehr kennen, macht sie im Verurteilen anderer vorsichtig.

Es ist beispielhaft, wie einzelne Christen sich für die Unterstützung der Mission und anderer kirchlicher Werke einsetzen; oft opfern sie ihre ganze freie Zeit und ihr Vermögen. Es ist gleichzeitig aber furchtbar zu hören, wie verächtlich und herabsetzend manchmal die gleichen Leute über Menschen reden, die andere Ziele verfolgen.

Rosenkranzgebet und Wallfahrten sind wichtige Hilfen bei der Nachfolge Christi, aber hin und wieder wird dabei anderen Menschen ihr Glaube und ihre Rechtschaffenheit abgesprochen, daß dem unbeteiligten Zuhörer bange wird. Von der geduldigen und treuen Barmherzigkeit Gottes, die allein „gerecht" macht, das heißt uns rechte Menschen werden läßt, ist da oft nichts zu spüren. Jesus bemüht das Alte Testament (Hos 6, 6) und meint dazu: „Darum lernt, was es heißt: ‚Barmherzigkeit will ich, nicht Opfer!'" (Mt 9, 13) Gott haßt die Sünde, aber er liebt den Sünder unbegrenzt. Darum hat er uns die Gebote gegeben, und darum ist die Liebe auch der Geist, mit dem sie richtig angewandt und gelebt werden können. „Gott hat seinen Sohn nicht in die Welt gesandt, damit er die Welt richtet, sondern damit die Welt durch ihn gerettet wird." (Joh 3, 17) Und Jesus stellt klar. „Wer mich gesehen hat, hat den Vater gesehen." (Joh 14, 9)

Jesus erfüllt die Gebote Gottes, aber gerade dadurch, daß er ihnen in großer Freiheit gegenübersteht. Er will unsere Herzen für die Liebe Gottes frei machen. Damit meint er keine lasche, gleichgültige Haltung. Wer einwendet: „Wenn Gott mich unbedingt liebt, brauche ich mich gar nicht erst mit einem Leben nach den Geboten anzustrengen!", hat von der frohen Botschaft des Herrn nichts verstanden.

Wer sein Leben dem Geldverdienen verschreibt, wer sein Herz von Kaufen, Besitzen, Geschäftemachen und vom „Was die Leute sagen" bestimmen läßt, wer in dem

Glauben lebt, über Geld seine Lebenserfüllung zu erreichen, der dient einem anderen Herrn als dem guten „Abba" Jesu, und er läßt sich von einem anderen Geist als dem des Meisters bewegen. Vor einem solchen Menschen ist Gottes Liebe machtlos, denn sie findet in seinem Herzen keinen Raum. Und Gewalt ist nicht die Sache Gottes.

Ebenso ist es nur Geschäftemacherei, wenn ich mich einschränke, zusammennehme, „unglücklich" mache und so die Gebote einhalte, um dafür von Gott mit ewigem Lohn entschädigt zu werden. Dadurch, daß ich meine Berechnung auf Gott beziehe, bin ich nicht schon ehrfürchtig und dankbar. Wenn ich von Gott erwarte, daß er mich anständig „bezahlt", ist das kein Gottvertrauen.

Das Vertrauen in den mütterlich sorgenden Vater im Himmel, zu dem Jesus uns immer wieder einlädt, weil darin unser Glück gründet, ist etwas ganz anderes. Dieses Vertrauen lebt nicht aus einer Geschäftsbeziehung, sondern es entsteht und wächst aus der Erfahrung: Gott hat mir das Leben geschenkt, und er schenkt es mir täglich neu. Er gibt mir Essen und Trinken. Er läßt mich Freundschaft und Liebe finden. Er fügt mich ein in die Sorge und Arbeit für seine Schöpfung. Das bedeutet oft Leid und Mühe, aber Gott schafft mir damit eine Quelle für Lebensmut und Freude. Er nennt mich in meiner Seele beim Namen und sagt: Wie gut, daß du da bist! Jeder Spatz ist mir wichtig, um wieviel mehr du! Er tröstet mich: Du magst dich als wertlosen Groschen empfinden. Ich aber suche dich und stelle mein Haus, die ganze Welt für dich auf den Kopf!

Erst wenn ich mein Mißtrauen Gott gegenüber aufgebe, erst wenn ich von meinen oft maßlosen Ansprüchen an mich selber ablasse und mich auf ein solches Vertrauen einlasse, erst wenn ich aus einem solchen Leben auf den Weg Jesu umkehre, kann mich die Liebe Gottes ergreifen und mich und meine Welt verwandeln.

Dann aber ist es mir nicht egal, wie ich lebe. Ich will dann ja alles andere als ein Schmarotzer seiner Güte sein. Ernst und nachdenklich frage ich nicht nur nach dem Wortlaut seiner Gebote als einer Geschäftsgrundlage, sondern nach ihrem Sinn als dem Weg zum Leben.

Wenn ich bisher gleichgültig unberührt gesagt habe: „Ich habe mir nichts vorzuwerfen. Ich bin kein Mörder, kein Ehebrecher und kein Lügner", so gehen mir – durch die Nähe Christi zur Liebe befreit –

die Augen über mich selbst auf: Ich, der Kein-Mörder, boote kaltschnäuzig den Kollegen beim Abteilungsleiter aus, um die eigene Karriere zu sichern. Der Kein-Einbrecher zieht hartherzig an der Theke über die Nachbarin her, mit der er gestern noch geflirtet hat. Der Kein-Lügner ist schnell dabei, sich mit den Schwächen der anderen zu entschuldigen, und er macht sich glauben, der Partner sei allein schuld an seiner zerbrochenen Familie, die Kinder machten ihn nervös, die fremden Asylbewerber bedrohten den Frieden im Ort. Ich, der Anständige, schiele nach dem günstigsten Angebot, freue mich über sinkende Kaffee- und Schokoladepreise und verdränge gleichzeitig die Erkenntnis, daß mein hoher Lebensstandard mit dem Hunger und dem Blut unzähliger Männer und Frauen und auch Kinder überall in der Welt bezahlt und für mich Reichen preiswert gehalten wird.

Der Herr sagt mir: „Du hast gehört, daß zu den Alten gesagt worden ist: Du sollst nicht töten...! Ich aber sage dir: Jeder, der seinem Bruder auch nur zürnt, soll dem Gericht verfallen... Wenn du deine Opfergabe zum Altar bringst und dir dabei einfällt, daß dein Bruder etwas gegen dich hat, so laß deine Gabe dort vor dem Altar liegen, geh und versöhne dich zuerst mit deinem Bruder, dann komm und opfere deine Gabe." (Mt 5, 21–24) Es geht in der Nachfolge Jesu nicht darum: „Hauptsache, ich bin anständig und korrekt. Niemand kann mir was vorwerfen!" Es geht darum, daß ich ein offenes, bereites Herz für Gott und meinen Nächsten und seine Anliegen habe.

Jesus faßt es – wie viele große Gesetzeslehrer im Judentum – so zusammen: „Du sollst den Herrn, deinen Gott, lieben mit ganzem Herzen, mit ganzer Seele und mit all deinen Gedanken. Das ist das wichtigste und erste Gebot. Ebenso wichtig ist das zweite: Du sollst deinen Nächsten lieben wie dich selbst." (Mt 22, 37–39)

Liebe soll mein Herz bewegen und das Miteinander der Menschen bestimmen. Das ist der Weg zum Leben. Darum wirft es natürlich auch einen Schatten auf mein Glück, wenn mein „Bruder" etwas gegen mich hat, auch wenn ich mir selbst keine Schuld vorwerfen muß. Nicht alle Familienkonflikte lassen sich schnell lösen, mancher Streit unter Nachbarn kann nicht sofort behoben werden, Meinungsverschiedenheiten unter Freunden und Kollegen müssen ausgehalten und ausgetragen und nicht weggeschoben werden.

Um die Dinge zwischen den Menschen richtig zu ordnen und sich zu versöhnen, braucht es oft viel geduldiges Ringen im Innern der Seele und in manchmal harten Auseinandersetzungen miteinander. Manches Leidvolle muß auch einfach ertragen werden. Nicht alles läßt sich fünf Minuten vor der Sonntagsmesse, vor der kirchlichen Trauung oder einer Taufe „erledigen".

Es geht nicht um den Buchstaben, sondern um den Geist der Liebe. Treffend dreht darum Jesus den gut bekannten Satz um und sagt statt: „Was du nicht willst, das man dir tu', das füg auch keinem andern zu!" als Goldene Lebensregel für die Seinen: „Alles, was ihr von anderen erwartet, das tut auch ihnen!" (Mt 7, 12) Nur kein Unrecht tun, ist selbstverständliche Pflicht jedes Menschen; sich allein darauf beschränken, führt zu einem beschränkten Leben. All meine Sehnsucht nach liebevollem Verständnis, nach Ermutigung in meinen Fähigkeiten, nach Annehmen meiner Schwächen, nach Lob und Zärtlichkeit, nach Hilfe in meinen vielen Nöten, all das zum Maßstab auch meines Verhaltens anderen gegenüber zu machen, eröffnet einen weiten Horizont reichen, menschlichen Glücks.

In der Nachfolge Jesu kann ich mir das von meinem Meister sagen lassen. Denn bei ihm, in der Liebe Gottes aufgehoben,

bin ich von allen Zwängen der Selbstgerechtigkeit frei und kann mein alltägliches Verhalten in aller Klarheit durchleuchten und es immer wieder im Geist der Liebe korrigieren lassen. Unter der Vorstellung: „Ich muß was bringen, damit ich angenommen werde!", wirken Worte Jesu wie „Ich aber sage euch..." wie ein Hammer, der mich erschlägt. Unter dem inneren Befehl: „Sei vollkommen!" preßt mir seine Goldene Regel die Luft ab mit ihrer unerfüllbaren Forderung. „So lieben, das kann ich nicht!" seufze ich. Zu Recht! Wer kann das schon – außer Gott allein.
In der Nachfolge Jesu muß ich das indes auch gar nicht können. Ich brauche nur mein kleingläubiges Herz in Gottes Hände zu legen, zu sagen: „Hier bin ich, du kennst mich, tu mit mir, was du willst", und dann zu tun, was mir einfällt; es ist dann nicht zu schwer für mich. Sein „Joch drückt nicht", seine „Last ist leicht". (Mt 11, 30)
Aber ist nicht dieses Vertrauen sehr schwer zu verwirklichen? Für ein Kind den Eltern gegenüber ist es das Selbstverständlichste von der Welt. Jesus zeigt darum auch auf ein Kind, als er zeigen will, was ein guter Christ ist. (Das ist eben kein Moralprotz!) Aber wir Erwachsenen haben in uns die Gegenkraft des

Mißtrauens mit all seinen schrecklichen Folgen.

Wir kennen das berühmte Beispiel: „Ein Mann fragte Jesus: Was muß ich tun, um das ewige Leben zu gewinnen...? Jesus antwortete: Du kennst doch die Gebote: Du sollst nicht töten! Du sollst nicht falsch aussagen! ... Ehre deinen Vater und deine Mutter! Er erwiderte ihm: Meister, all diese Gebote habe ich von Jugend an befolgt. Da sah ihn Jesus an, und weil er ihn liebte, sagte er: Eines fehlt dir noch: Geh, verkaufe, was du hast, gib das Geld den Armen, und du wirst einen bleibenden Schatz im Himmel haben; dann komm und folge mir nach! Der Mann aber war betrübt, als er das hörte, und ging traurig weg; denn er hatte ein großes Vermögen." (Mk 10, 17–22)

Der junge Mann spürt selbst, daß es nicht alles sein kann, treu und brav die Gebote zu erfüllen. Wenn ich auch zögere, zu sagen: Ich erfülle die Gebote, so habe ich doch auch immer wieder das Gefühl, daß mein Leben geordnet und anständig verläuft, aber daß ich wenig vom Atem Gottes spüre. Statt Abenteuer erwarte ich Langeweile, wenn ich morgens aufstehe. Statt Begeisterung empfinde ich „Null Bock", wenn ich an die Fete mit meinen Freunden heute abend denke. Zum kommenden Weihnachtsfest sage ich weit öfter: „Ich bin froh, wenn's endlich vorbei ist!" – statt voller Vorfreude: „Bald ist endlich wieder Weihnachten!" Die Gebote weisen den Weg zum Leben, aber das Leben in der Gegenwart Gottes ist dann noch mal etwas anderes. Es unterscheidet sich nicht unbedingt äußerlich. Ich fahre mit der Straßenbahn ins Büro, ich füttere Katze und Hund, ich gehe zum Kegelabend, ich wickele mein Kind in frische Windeln. Wenn mein Herz bei Gott ist, tue ich alle diese alltäglichen Dinge leicht. Wenn ich trauere, wenn ich krank bin, wenn ich streiten muß, so tue ich es mit Ruhe und Sicherheit in der Seele. Ich bin von Gott getragen gerade mit meinen Fehlern und Ekelhaftigkeiten, mit all dem, weswegen ich mich normalerweise eigentlich schäme und weswegen wir uns als große Erwachsene auf all das zurückziehen, von dem wir – irrtümlicherweise – glauben, daß es uns Größe und Sicherheit gibt: Geld, Ansehen, Besitz, Mode, Reisen, Karriere ...

Als Erwachsene unterliegen wir alle der Schwerkraft des Mißtrauens, ob Gott uns wirklich alle Dinge zum Guten lenkt. Wir sperren uns, Geld, Besitz, Ansehen bei den Mitmenschen und alle anderen Habseligkeiten für zweitrangig anzusehen

und uns davon zu trennen – immer innerlich, oft auch äußerlich –, um Jesus nachzufolgen in seinem Vertrauen in den Vater im Himmel. Wir haben tausend Argumente gegen dieses Wagnis, nennen es dumm, Spinnerei, unmöglich, etwas für weltfremde Heilige, rechtfertigen unseren Unglauben mit den vielen schlechten Erfahrungen, die wir alle gemacht haben...
Und doch geht es nicht ohne diesen Sprung ins Ungewisse, diesen Aufbruch ins Unbekannte, dieses Vertrauen in Gottes Verheißung: Du hast einen bleibenden Schatz im Himmel, den niemand und nichts dir nehmen kann: Meine Liebe!

Über die Autoren

Die Autoren dieses Buches gehören seit 1977 zu einer Gemeinde in Hürth im Braunkohlenrevier bei Köln.
Franz Decker ist Pfarrer der Gemeinde; Ute Wagner arbeitet als Sozialpädagogin in Pfarrhaus und Pfarrgemeinde.
Beide haben als Team unter anderem bereits für den Rundfunk geschrieben.